Manu *scripta*   Band 3

Faksimileausgaben
literarischer Handschriften

Herausgegeben
von Karl-Heinz Hahn

Dr. Ludwig Reichert Verlag
Wiesbaden 1987

Adalbert Stifter *Die Mappe*
meines Urgroßvaters

Faksimileausgabe
der Dritten Fassung

Vorwort von Karl-Heinz Hahn
Kommentar von Alois Hofman

Dr. Ludwig Reichert Verlag
Wiesbaden 1987

Die Handschrift von „Die Mappe meines Urgroßvaters" wird im Stifter-Archiv der Staatsbibliothek der ČSR in Prag unter der Signatur 213 aufbewahrt.

Das Originalmanuskript stand für die Zeit der Reproduktion zur Verfügung.

CIP-Kurztitelaufnahme der Deutschen Bibliothek

Stifter, Adalbert:
Die Mappe meines Urgrossvaters / Adalbert Stifter. Vorw. von Karl-Heinz Hahn. Kommentar von Alois Hofman. – Wiesbaden : Reichert
   (Manu scripta ; Bd. 3)
   ISBN 3-88226-364-4

NE: Hofman, Alois [Bearb.]; GT
Kommentar-Bd. – 1987.

Gestaltung: Jochen Busch
Lektor: Marlit Leber
Hersteller: Kathrin Frančik
© 1988 by Edition Leipzig
Ausgabe für Dr. Ludwig Reichert Verlag, Wiesbaden
Printed in the German Democratic Republic

Inhalt

Vorwort 7

Einführung 11

Entstehung 15

Beschreibung der Handschriften 34

Vergleich der *Mappe*-Fassungen 36

Faksimile und Transkription 46

Anhang

Bibliographische Hinweise 50

Anlagen 56

Vorbemerkung

Die im Kommentar in Klammern gesetzten Ziffern beziehen sich auf die bibliographischen Hinweise.

Folgende Zeichen und Abkürzungen wurden im Kommentar und in der Transkription verwendet:

——	/	von Stifter gestrichen
⊢——⊣		von Stifter innerhalb einer Streichung gestrichen
‖	‖	von Stifter in den bereits stehenden Text hineinkorrigiert
[	]	von Stifter aus Versehen ungetilgte Variante
/	/	Stifters Schreibversehen und Flüchtigkeitsfehler, vom Bearbeiter richtiggestellt
×		nicht entzifferte Stelle
aR		am Rand
üdZ		über der Zeile
udZ		unter der Zeile
idZ		in der Zeile
mB		mit Bleistift
mR		mit Rötel
maT		mit anderer Tinte
vfH		von fremder Hand
Hg		Herausgeber bzw. Bearbeiter der Transkription
H		Handschrift – Besonderheit in Stifters Schreibweise
in 2. Var.		in zweiter Variante
STAP		Stifter-Archiv der Staatsbibliothek der ČSR in Prag
Mss.		Manuskriptseite

Vorwort

„Das Buch gefällt mir nicht", schrieb Adalbert Stifter am 16. Februar 1847 seinem Verleger Gustav Heckenast. „Es ist so schön, so tief, so lieb in mir gewesen, es könnte in der Art hold und eigentümlich und duftig sein wie das Heidedorf, aber tiefer, körniger, großartiger und dann ganz rein und klar und durchsichtig in der Form ... Das Abscheuliche aber ist, daß ich es in mir empfinde, daß ich das Ding so machen könnte, wie ich es wollte, daß es mir in Haupt und Herzen liegt, greifbar, darstellbar – und wenn ich so die freundlichsten geweihtesten Stunden darauf verwenden würde, so würde es sich zusammen finden, einfach, klar, durchsichtig, und ein Labsal wie die Luft." Klagen ähnlicher Art begegneten bei Stifter häufig. Charaktere hatte er im Sinn, „in denen sich die Einfachheit, Größe und Güte der menschlichen Seele spiegeln, durch lauter gewöhnliche Begebenheiten und Verhältnisse geboten – wäre es gelungen, dann hätte das Buch mit der Einfalt und mit dem Reize der Antike gewirkt". Mit wenigen Worten wird hier die poetische Grundidee charakterisiert, nach deren Verwirklichung Adalbert Stifter immer gestrebt hat. „Die Mappe meines Urgroßvaters" sollte nach dem Willen Stifters die Dichtung werden, die diesem Ideal am nächsten kam. Lebenslang beinahe hat er diesem Erzählwerk die Treue bewahrt und immer von neuem versucht, seiner Idealvorstellung nahezukommen.

1841 war die Erzählung in ihrer ersten Fassung, die Ur-*Mappe*, als Zeitschriftendruck erschienen. In den Jahren zwischen 1842 und 1847 arbeitete er den Text um und fügte ihn in die „Studien" ein. Diese Studienfassung hat die weiteste Verbreitung gefunden und ist den Lesern Stifters sicher am geläufigsten. Von schwerer Krankheit kaum genesen, ohnmächtig zunächst, den „Witiko" fortzuführen, wandte sich der Dichter 1864 dem Text wieder zu und entwarf eine Dritte, Teile des frühesten *Mappe*-Textes mit dem der Studien verschmelzende Fassung. Doch auch in dieser Gestalt blieb sie noch hinter seinen Erwartungen zurück. Noch einmal, ein viertes Mal, setzte er, unmittelbar nach der Vollendung seiner Geschichtserzählung „Witiko", den Griffel an, diese Dritte Fassung zu überarbeiten. Vollendung war ihm nicht vergönnt.

Drei *Mappe*-Fassungen sind der Forschung bekannt geworden, die Dritte blieb bis heute, weil im Druck kaum darzubieten, Manuskript. Die vorliegende Ausgabe bietet diesen Text als Faksimile, begleitet von einer buchstabengetreuen Transkription, zum ersten Mal. Eine oft als schmerzlich empfundene Lücke im Gesamtwerk Adalbert Stifters wird damit geschlossen.

Die Faksimilierung der Handschrift, verbunden mit der Wiedergabe des Textes in Drucklettern, entspricht genau dem Anliegen der Reihe „Manu scripta", deren Begründer und Herausgeber es sich zur Aufgabe gemacht hat, nur solche Texte aufzunehmen, deren handschriftliche Überlieferung eine adäquate Wiedergabe im Druck von vornherein ausschließt. Neben dem „Woyzeck"-Fragment Georg Büchners und der Autobiographie Friedrich Nietzsches, „Ecce homo", entspricht kaum ein anderes Manuskript wie Stifters Dritte Fassung der „Mappe meines Urgroßvaters", die zum Stifterbestand der tschechischen Staatsbibliothek in Prag gehört, diesen Bedingungen. Dieser Umstand ebenso wie die Tatsache, daß ein so profunder Kenner und Liebhaber der Werke Adalbert Stifters wie der Prager Literaturhistoriker Alois Hofman sich bereit fand, die Transkription und Erläuterung des Manuskripttextes zu übernehmen, bestimmte den Unterzeichneten, die Aufnahme der „Mappe meines Urgroßvaters" in die „Manu scripta"-Reihe vorzuschlagen. Alois Hofman und der Leitung der tschechischen Staatsbibliothek sei für ihre großzügige Unterstützung und Förderung des Vorhabens an dieser Stelle sehr herzlich gedankt. Wert und poetischer Rang des Erzählwerkes Adalbert Stifters sind umstritten. Früh schon meldete sich Kritik zu Worte, die bis heute nicht verstummt ist. Frühzeitig auch fanden seine Erzählungen aufgeschlossene Leser und Freunde; „am tiefsten unter den Erzählern ein Dichter, am intensivsten ein Künstler der Prosa", so urteilt die Literaturgeschichte des späten 20. Jahrhunderts. Der Widerspruch der Meinungen spricht für den Rang des poetischen Werkes, den es bis heute behauptet hat und noch lange behaupten wird.

Unter den Erzählungen Stifters hat „Die Mappe meines Urgroßvaters" die Aufmerksamkeit der Forschung immer wieder affiziert. In ihrer Genesis spiegelt sich nicht nur der Entwicklungsweg des Dichters am eindrucksvollsten wider, der Text deutet zugleich nachdrücklich auf die Intention des Erzählers Adalbert Stifter. Charaktere und Gegebenheiten wollte er zeichnen, noch einmal sei der eingangs zitierte Brief herangezogen, „in denen sich die Einfachheit, Größe und Güte der menschlichen Seele spiegelt, durch lauter gewöhnliche Begebenheiten und Verhältnisse geboten", alles „einfach, klar, durchsichtig, und ein Labsal wie die Luft. Der Leser würde in dem Buche fort gehen zwischen allbekannten geliebten Dingen und sachte gebannt und eingezirkelt werden, so wie man im Frühlinge in warmer Luft allseitigem Keimen in glänzender Sonne geht und glückselig wird, ohne sagen zu können, wodurch man es geworden."

Unwillkürlich erinnern diese Worte an Schillers Plan einer poetischen Darstellung, in der „alles Sterbliche ausgelöscht, lauter Licht, lauter Freiheit, lauter Vermögen – kein Schatten, keine Schranke, nichts von dem allen mehr zu sehen" ist. Schiller schwebte eine Szene im Olymp vor, der „Übertritt des Menschen in den Gott". Stifters Handlungsraum bleibt dagegen immer die Erde, die Landschaft seiner böhmischen Heimat. Seine Menschen sind irdische Wesen, verstrickt in Leidenschaften und Mißverständnisse, auf dem Wege, wie es in einer neueren Untersuchung heißt, ein verlorenes Paradies wiederzuerlangen, die biblische Allegorie des Gartens Eden in und mit ihrem Leben zur Wirklichkeit werden zu lassen.

Verwandtschaft mit der Tradition klassischer deutscher Dichtung wird spürbar, erkennbar aber auch die Distanz. Es mag hilfreich sein, Stifters Erzählwerk mit Blick auf Romane und Gedanken Goethes zu lesen, der ganz eigene Standort des Dichters ist so nicht auszumachen. So große Bedeutung er der Bewußtheit seiner Menschen schenkt, ihrer Fähigkeit zu vernunftgemäßer Lebensgestaltung, so sehr weiß er doch um deren Bedingtheit durch Raum, Zeit und Tradition, so unübersehbar leuchtet in seiner Erzählweise eine Idee auf, der sich die Philosophie jener Zeit bemächtigte und die Wilhelm Dilthey aussprach, wenn er bemerkte, daß „Dichtung nicht ein Erkennen der Wirklichkeit" sei, „sondern die lebendigste Erfahrung vom Zusammenhang unserer Daseinsbezüge in dem Sinn des Lebens". Vielleicht war es jener Hauch lebensphilosophischer Ahnung in Stifters Erzählwerk, der Nietzsche in ihm neben Goethe und Heine den bedeutendsten Prosaisten deutscher Sprache sehen ließ. Doch nicht darum kann es gehen, Stifter aus klassischer Tradition zu lösen, um ihn neueren philosophischen Tendenzen zuzuordnen. Nur den ganz eigenen Standort des Erzählers Adalbert Stifter zwischen den Zeiten anzudeuten, war der Sinn dieses Exkurses. Die Erzählung „Die Mappe meines Urgroßvaters" stellt sich dar als ein Entwurf, der diese Position Stifters am unmittelbarsten widerspiegelt. Möge die vorliegende Ausgabe der Dritten Fassung der *Mappe* dazu beitragen, dies noch besser als bisher zu erkennen, und möge sie zu neuem Nachdenken über Adalbert Stifter und über den Gang deutschsprachiger Literatur im 19. Jahrhundert anregen.

Weimar, am 25. Februar 1986

Karl-Heinz Hahn

Einführung

Zu Adalbert Stifters Lebzeiten (1805–1868) war „Die Mappe meines Urgroßvaters" (*Mappe*) der literarischen Öffentlichkeit nur in den zwei ersten Fassungen bekannt: der 1841/42 in einer Wiener Zeitschrift (2) erschienenen Novelle und der 1847 im Erzählungsband „Studien" erweiterten Gestaltung. Die 1864 und 1867 geschriebenen Romanfragmente blieben jahrzehntelang im Nachlaß des Dichters liegen, und erst 1939 wurde deren Vierte und Letzte Fassung in der Prager Ausgabe der sämtlichen Werke Stifters publiziert. Die dritte Formung der *Mappe* erscheint erstmals in dieser Ausgabe.

Das Gesamtschaffen des Dichters konnte erst sehr spät vorgestellt und mit der *Mappe* in ihrer letzten Gestalt die Dichtung des österreichischen Epikers in ihrer reifsten Vollendung gewürdigt werden. Stifter war schon zu Lebzeiten von der Kritik nicht verwöhnt worden, und er urteilte in voraussehender Erkenntnis selbst, daß die Leitgedanken seiner Bücher erst in hundert Jahren verstanden würden. Tatsächlich blieb sein Schaffen noch lange verkannt und unbekannt, von Friedrich Hebbel bis Gottfried Keller als borniert und philisterhaft verschrien und der Verspottung preisgegeben.

Die Wende in den Werturteilen brachte Ende der Siebzigerjahre des vorigen Jahrhunderts Friedrich Nietzsches preisende Stellungnahme; August Sauer initiierte das wissenschaftliche Interesse, Peter Rosegger wurde des verehrten Dichters wesensverwandter Gefolgsmann. Die Würdigungen und Zeugnisse setzten in erhöhtem Maße nach dem ersten Weltkrieg ein. Nach Hermann Bahrs Huldigung „Der Stiftermensch liegt in der Zukunft ..." förderten andere die literarischen Schätze des Linzer Schulrates zutage. So Hermann Hesse in seiner liebevollen Aussage über den „Witiko", Hugo von Hofmannsthal in der Würdigung des „Nachsommers", Richard Schaukal, der die Merkmale der Stifterschen Dichtung, die Selbstachtung, Unschuld, Ehrlichkeit und Reinheit betonte, Ernst Weiß, der das Tröstliche und Heitere bewertete und zugleich auch die dämonische Komponente zu verspüren meinte. Die späteren Darstellungen legten ebenfalls das Gewicht auf die Tugenden der Gestalten Stifters, die dem modernen Menschen abhanden gekommen sind – Treue, Besonnenheit, Zielstrebigkeit, Würde sowie Sinn für Ordnung. Neben der positiven, mitunter auch überspannten Anerkennung stieß Stifters Werk, namentlich „Witiko", weiter auf Ablehnung und Verständnislosigkeit. Friedrich Gundolf fand seine Epik geschichts- und kulturlos, besonders aber verflachte und verzerrte die nationalsozialistische Ära das Stifterbild. Dann bahnte sich eine bis heute andauernde Stifterrenaissance an, an der auch die Germanistik ihren Anteil hatte und philologische wie textkritische Beiträge lieferte. Neben der kultischen Verehrung setzte man sich mit dem Dichter in kritischen Deutungen auseinander – vom Standpunkt geistesgeschichtlicher, ästhetischer, naturphilosophischer, psychoanalytischer, katholischer und nationalbetonter Anschauungen. In dem 1955 gegründeten Adalbert-Stifter-Institut des Landes Oberösterreich, mit dem Sitz in des Dichters Linzer Wohn- und Sterbehaus, fand die Pflege seines Erbes, zusammen mit einer eigenen Vierteljahresschrift, eine sachbezogene, organisatorische Heimstätte, die weltweit als ein angesehenes Forum der internationalen Stifterforschung gilt.

Die 1939 erfolgte Veröffentlichung der Vierten Fassung der *Mappe* ermöglichte es, in Stifters eigentümliche dichterische Verfahrensweise uneingeschränkt Einblick zu gewinnen und mit ihrer Erschließung das Werk innerhalb der motivischen Dreieinheit seiner Romane als das „lebendigste Vermächtnis des großen Erzählers" zu würdigen. Das zunehmende Interesse der in- und ausländischen Forschung und die steigende Beliebtheit des Dichters bei den Lesern unterstreichen die Stellung Stifters als einen der bedeutendsten Schriftsteller des 19. Jahrhunderts.

Dieses Phänomen erklärt sich aus der Lebensbezogenheit der *Mappe* zu den Daseinsfragen unserer Zeit, durch ihre Anlage, die ihre verhaltene Kraft aus dem Sittlichen schöpft, durch die ihr eigentümliche Polarität zwischen „subjektiver Vorstellung und objektiver Wirklichkeit" (42). Es ist vorzüglich das Thema des Gemeinschaftsgedankens, „der den einzelnen in werktätigem Dienst an eine höhere Ordnung bindet" (74). Der aus dem Böhmerwald stammende Arzt Augustinus ist ein Vorfahre Albert Schweitzers, der sein vorbildliches, verpflichtendes Wirken im Urwaldhospital ausübt (54).

Die *Mappe* ist getragen vom Glauben an die Sinnhaftigkeit und Gesetzmäßigkeit der Weltentwicklung in der Natur wie in der Menschheitsgeschichte. „Der Mensch im Dienst an dem Menschen wird erst zum Menschen" (69). Aus der Verbundenheit des Menschen mit der Natur ergibt sich zugleich seine emotionale Beziehung zu Naturerscheinungen, ein Anthropomorphismus, eine Zusammenspannung des Mikrokosmos und des Makrokosmos (70). Stifter steht in seinen Alterswerken, namentlich in der *Mappe*, nach Felix Brauns Worten, der Epik Marcel Prousts oder Robert Musils sehr nahe, weil er „wie die Modernen die Handlung und die Charaktere nicht aufbaut", obwohl er sein Leben lang an der *Mappe* gearbeitet habe, damit ihn der Aufbau befriedige. Steht in den älteren Interpretationen Stifters humanistisch-christliches Ideal der Menschenbildung im Vordergrund, befassen sich die neueren Auslegungen mit den im Werk eher verhüllten als offen ausgesprochenen Aspekten der sozialen Verpflichtung im heimatlichen Lebenskreis der Waldbauern oder der harten Bedingungen ihrer materiellen Existenz. Es ist eine scheinbar einfache und geordnete Welt, anders gefügt als in der Stadt, in der die Überhebung der Spießbürger die Habenichtse Augustinus und Eustachius zu resistenter Haltung reizt. In der *Mappe* wird keine Klassenposition eingenommen, das bedeutet aber, wie man etwa aus dem scheinbaren Müßiggängerdasein des Bettlers Tobias folgern könnte, keine Verharmlosung der gesellschaftlichen Gegensätze und kein Unberührtsein von Spannungen. Augustinus ist als Arzt Tag und Nacht in Bereitschaft, ein Mensch mit sozialem Gewissen. Den gesellschaftspolitischen Hintergrund der *Mappe* bildet die Epoche des vordringenden Merkantilismus und der allmählichen Manufakturisierung. Wohl manifestieren sich bei Stifter nur selten die Bewegungen der Zeit. Die Oberherrschaft des Adels und der Geistlichkeit ist unsichtbar, die untersten Schichten treten als Akteure nicht in Erscheinung, der Doctor selbst hält Abstand zu seinem Gesinde, die existierenden Gegensätze sind in friedlichem Zusammenwirken aller ausgeglichen.

Die *Mappe*, die Stifter jahrzehntelang ein immanentes künstlerisches Anliegen war, zeigt seine Entwicklung zu einer voll ausgebildeten Weltanschauung. Der aus der Wiener ideenträchtigen Umwelt in die „unselige" Linzer Geistesdürre verschlagene Dichter sehnte sich immer unstillbarer nach einem Gleichmaß zwischen Mensch und Natur, einem Ausgleich zwischen der Wirklichkeit und den „Hirngespinsten". Dies war der Entwicklungsgang der *Mappe* von der Urfassung bis zu ihren letzten zwei Darstellungen.

Von den zwei letzten Handschriften ist bislang nur die sogenannte Letzte Fassung publiziert worden. Die Dritte Fassung blieb im Archivschrank verwahrt. Die Lücke in der Überlieferung empfand die Forschung immer mehr als einen Mangel, denn ohne die Textwiedergabe des gesamten Konvoluts erscheint eine wissenschaftlich begründete Auseinandersetzung mit dem ganzen Werk nicht erreichbar.

Die nunmehrige Herausgabe der Dritten *Mappe*-Fassung (F3) bietet einen neuen Ausgangspunkt für weitere wissenschaftliche Behandlung mit noch unberührten Fragestellungen.

Vergleiche der *Mappe*-Fassungen unter Einbeziehung der bisher unbekannt gebliebenen Originalhandschrift, die künftig angestellt werden, ermöglichen eine komplexe Einschätzung der *Mappe* in ihrer ganzen Reifung.

Die Faksimileausgabe schafft zusammen mit der Transkription eine verläßliche Arbeitsgrundlage für zukünftige Textausgaben.

Der Bearbeiter ist für vielfache Anregungen und Hinweise dem Herausgeber der Reihe „Manu scripta", Herrn Prof. Dr. Dr. h. c. Karl-Heinz Hahn, herzlichst verpflichtet. Mein Dank gilt auch dem Verlag Edition Leipzig, insbesondere Frau Marlit Leber und Frau Kathrin Frančík, für alle aufgewandte Bemühung um die komplizierte Gestaltung des Buches. Gedankt sei ebenso der Staatsbibliothek der ČSR in Prag, namentlich Herrn Jaroslav Hála, dem Leiter der Handschriftenabteilung, für die Ausleihe des *Mappe*-Manuskripts aus dem Stifter-Archiv und die Zustimmung zur Faksimilierung. Nicht zuletzt ist es mir ein Bedürfnis, aufrichtigen Dank dem Adalbert-Stifter-Institut in Linz zu sagen für die jahrzehntelange Förderung und Pflege des dichterischen Erbes des österreichischen Dichters, die auch meinen wissenschaftlichen Studien zugute kam. Für diesen wirksamen Beistand bin ich den früheren Leitern des Instituts, den Herren Dr. Aldemar Schiffkorn, Dr. Alois Großschopf und deren Nachfolger Herrn Dr. Johann Lachinger zutiefst verbunden. Nützliche Impulse kamen auch von der Stifter-Arbeitsstelle der Bayerischen Staatsbibliothek, dessen Leiter Herr Helmut Bergner ist.

Entstehung

Adalbert Stifters Romanfragment „Die Mappe meines Urgroßvaters" ist in Gestalt zweier handschriftlicher Fassungen überliefert, die zu verschiedenen Zeiten begonnen und vor ihrem Abschluß – jeweils auf der Seite 164 – abgebrochen wurden. Beide Bearbeitungen fußen auf zwei früheren, in Novellenform gefaßten Vorstufen mit dem gleichen Titel.

Der erste Entwurf, die Ur-*Mappe* (F1) genannt, erschien 1841/42 in Friedrich Witthauers „Wiener Zeitschrift für Kunst, Literatur, Theater und Mode" (2), die zweite Bearbeitung des Themas 1847 im dritten Band von Stifters Sammlung „Studien" (Studien-*Mappe*, F2). Erst nach 17 Jahren griff der Dichter das Thema wieder auf, in der Absicht, es zu einem zweibändigen Werk zu gestalten.

Dieser Entschluß kam nicht von ungefähr. Im Dezember 1863 überfiel Stifter eine schwere Krankheit, die es ihm unmöglich machte, an seinem großangelegten historischen Roman „Witiko", dessen Quellenstudium wie auch Problematik viel Kraft erforderten, weiterzuarbeiten. Nach der überwundenen Krise, auf dem Wege einer langsam fortschreitenden Genesung, erinnerte sich der in seiner Tätigkeit gehemmte Dichter an das „Lieblingskind" seiner Frühzeit, an die Lebensgeschichte des Augustinus, einen Stoff, der dem an sein Zimmer gefesselten Kranken einen künstlerischen wie seelischen Auftrieb zu geben versprach.

Es war ein Freitag, der 22. Jänner 1864, an dem Stifter ein Heft anlegte, in das er mit zeitweisen, durch die Krankheit bedingten Unterbrechungen bis zum 6. Oktober 1864 Eintragungen über den täglichen Fortgang der Neubearbeitung der *Mappe* machte. „Die Mappe neu begonnen" steht auf dem Umschlag dieser „Seiten- und Bogenrechnung". Am 23. Jänner 1864 waren die ersten „zwei Schriftseiten mit 812 Buchstaben" bereits geschrieben. Es war der Anfang der neuen Fassung, der Dritten in der Folge der *Mappe*-Bearbeitungen.

Diese Fassung (F3) ist von der früheren Forschung als eine Art Vorfassung der Vierten Fassung (F4) definiert worden (1, XII – S. 396). Ob mit Recht oder Unrecht, werden auf unserer Ausgabe basierende Untersuchungen beantworten können. Es wird sich herausstellen, daß jede der Fassungen eine eigenständige Schöpfung darstellt.

Stifter war im Herbst 1864 durch äußere, vor allem finanzielle Umstände genötigt, die Arbeit an der F3 einzustellen, von der er glaubte, sie in kurzer Zeit zum Abschluß bringen zu können. Sein Verleger Gustav Heckenast drängte ihn, die Fortführung der vor einem Jahr unterbrochenen Arbeit an dem Roman „Witiko" vertragsgemäß wieder in Angriff zu nehmen. In dieser Zwangslage mußte der Dichter auf den Abschluß der F3, von der bereits ein Drittel des zweiten Bandes gefertigt war, verzichten.

Erst im August 1867, nachdem er den zweiten und dritten Band des „Witiko"-Romans zum Druck gegeben hatte, konnte er wieder an die Erfüllung seines *Mappe*-Planes denken. Nun stand er unter keinem Zeitdruck, war er doch an keine belastenden Verbindlichkeiten mehr gebunden. Das Manuskript der F3 in der Hand, mag sich der vor einem Jahr in den Ruhestand versetzte Dichter die Frage gestellt haben, ob er die seinerzeit plötzlich abgebrochenen Sätze einfach zu Ende schreiben oder aber, was bei seinem stets an sich zweifelnden künstlerischen Verantwortungsgefühl eher zu erwarten war, der *Mappe* eine ganz neue Gestalt geben sollte. Daß es sich dabei nicht um bloße stilistische Verbesserungen handeln würde, war von vornherein abzusehen. Denn für Stifters Entschluß entschied ohne Zweifel die Tatsache, daß er sich seit dem Ausbruch der Krankheit selbst auch verändert hatte. Im schleichenden Fortgang des unheilbaren Leidens bis zum zuletzt einsetzenden Siechtum waren fast drei Jahre vergangen, in denen sich durch die Heimsuchungen im Denken und Fühlen des Dichters eine tiefgehende Wandlung vollziehen mußte. Möglich, daß der Dichter zuerst an eine baldige Beendigung der unvollendeten Blätter der F3 gedacht haben mochte, briefliche Zeugnisse sprechen für die Annahme. Bereits am 8. Februar 1867 heißt es im Schreiben an den Verleger: „... im September kannst du die Mappe druken" (1, XXII – S.100). Am 23. März kam die nochmalige Ankündigung, daß er nach Beendigung des „Witiko" an die *Mappe* herangehen wolle (1, XXII – S.120). Am 6. August, nach der Karlsbader Kur und einer Erholungspause in Kirchschlag, meldete der sich „körperlich sehr wohl ..., aber geistig langweilig" fühlende Rekonvaleszent: „Jezt bin ich wieder in Thätigkeit, und zwar in der ‚Mappe meines Urgroßvaters'" (1, XXII – S.148).

So ging Stifter, der vorher das Manuskript der F3 aus Pest zurückerhalten hatte, an die versprochene Arbeit. Es stellte sich die Frage, wie sich der Dichter zu diesem Fragment aus dem Jahre 1864 verhielt, zu seinem „Lieblingskind", das vielmehr sein Schmerzenskind war. Sieht man sich schon die ersten 62 Manuskriptseiten der F3 an – aus der die F4 hervorgehen sollte – mit den stellenweise radikalen Streichungen, ersetzt durch neuen Text auf besonderen Beilagen, mit den vielen Rand- und Zeilenkorrekturen sowie den sechs vollends ausgeschiedenen Blättern, und stellt man dann schließlich fest, daß der Dichter von der F3 als Vorlage mit dem Anfang des 5. Kapitels abließ und auf unbeschriebenen Blättern die Fortsetzung der neuen Fassung niederschrieb, kommt man zum Schluß, daß von einer späteren Umarbeitung der F3 im Sinne einer Glättung oder Durchfeilung für die Zwecke der

F4 nicht die Rede sein kann. Von der vermeintlichen Vorfassung blieb solcherart wenig übrig. Beide Fassungen, sowohl die F3 wie die F4, sind demnach eigene selbständige Schöpfungen, wenn auch die F3 anfänglich als eine Art struktureller Vorlage dienen mochte. An dem Grundthema, an der an sich bescheidenen Handlung änderte sich freilich wenig, doch auf dem neu beschrittenen Weg zur klassischen Einfachheit nach griechischem Vorbild wurde die F4 neu geschaffen.

Die neueren Deutungen, deren Vergleiche auf den bisher bekannten drei Fassungen basieren, definieren, wie sich die Wandlung zur F4 vollzogen hat – nach Hermann Kunisch durch „Erweiterung und Vertiefung der Motive ins Humane und durch Kürzungen, die die Darstellung auf das Gegenständliche beschränken und die Gemütsbewegungen zurückdrängen, zugunsten der Dingnähe" (62). Es entstand eine neue Dichtung.

Textvergleiche der Beziehungen zwischen der F3 und F4 sind in wenigen Hinweisen und Proben an einer weiteren Stelle angelegt, um den Übergang von einer Erzählform zu einer anderen, eigenständigen, zu zeigen und das Interesse für neue Einblicke in Stifters Werk zu wecken.

Die Letzte *Mappe* hat Franz Hüller 1939 in der Prager Ausgabe erstmals herausgegeben. In seinem textkritischen Bericht (1, XII – S.374) beschrieb er die Vorgangsweise des Dichters bei der Entstehung der *Mappe* F4. Wie oben erwähnt, benützte Stifter die ersten Kapitel der F3 als unmittelbare Vorlage, als Ausgangsbasis, um im weiteren Schaffensprozeß den Text des F3-Musterbildes in dem Maße zu verändern, daß er im Bemühen um eine neue Gestaltung ganze Abschnitte durch eigene Beilagen ersetzte und einige Blätter der F3 ausschied. Im Abschluß des 4. Kapitels kehrte er sich von der F3 endgültig ab. Mit Anfang des 5. Kapitels griff er zu unbeschriebenen Blättern und setzte den Roman als neue Handschrift fort. Die Niederschrift der F4 endete wie die F3 mit der Seite 164. Hinter den letzten Satz fügte der literarische Nachlaßverwalter Johannes Aprent die Worte hinzu: „Hier ist der Dichter gestorben."

Die Dritte Fassung der *Mappe*, die uns hier beschäftigt, hat Stifter, berechnet aufgrund seiner persönlichen Eintragungen in dem bereits erwähnten Diarium („Seiten- und Bogenrechnung"), vom 23. Jänner bis zum 6. Oktober 1864 in 124 Arbeitstagen geschrieben. In den insgesamt 258 Tagen bis zum Abbruch der F3 fielen demnach 134 Tage aus, an denen, sicherlich durch den Gesundheitszustand des Dichters verursacht, die Fortsetzung der Arbeit an der *Mappe* ruhte. Im Durchschnitt verfaßte er täglich eine bis zwei Schriftseiten, geschrieben in gedrängten, regelmäßigen Schriftzügen. Der Duktus der Niederschrift ist in den verschiedenen Phasen ihrer Entstehung ungleich, und die stellenweise zerfahrene Federführung widerspiegelt zweifellos den jeweiligen physischen und damit wohl auch den geistig-schöpferischen Zustand des Schreibenden. Stifters Tagebuch, das er im Jahr 1864 zu dem eigenen Zwecke der Kontrolle seiner Krankheitssymptome anlegte, ist ein beredtes Zeugnis dieser zerrütteten Gesundheit und der damit verbundenen Gemütsverfassung, die auf den Fortgang der *Mappe* nicht ohne Einfluß sein konnte. Die nuancenreiche Skala der subjektiven wie objektiven Wahrnehmungen des Kranken in dem Tagebuch, das den Titel „Mein Befinden" trägt, beweist seine große Sensibilität, die ihn zwischen euphorischen und bedrückten Stimmungen hin und her schwanken ließ. An guten Tagen heißt es in den Eintragungen: „Wie ganz gesund", „gesund", „sehr gesund", „ausgezeichnet" oder gar „außerordentlich gesund". Noch öfter aber werden die negativen Anzeichen vermerkt: „Unruhe", „Aufregung", „Beklemmungen", „Ängstlichkeit", „Wallungen", „Kleinmuth" oder immer wieder „Eingenommenheit". Daneben das körperliche Übelbefinden. Alle Anzeichen, die im Laufe der ersten Hälfte des Jahres 1864 zur allmählichen, allerdings nur scheinbaren Genesung führten, lassen sich unschwer von den stellenweise divergenten Schriftzügen der F3 ablesen. Besonders in jenen Abschnitten des Romans, die ein erregendes Geschehen oder einen inneren seelischen Vorgang seiner Gestalten schildern, nicht zuletzt dort, wo der Dichter aus der Erinnerung seines eigenen Lebens schöpfte, kann man die wechselnden Ausdrucksfunktionen aus der Schrift verfolgen.

Die Niederschrift der selbständigen F3 (Mss. 63–164) weist nur wenige Verschreibungen auf, Verbesserungen sind an der gestrichenen Stelle im Text selbst oder am Rande angebracht. Diese mit Merkzeichen versehenen, nicht häufigen, zumeist stilistischen Korrekturen, die während des Schreibens oder nachträglich bei erkennbar mehrfachen Durchsichten gemacht wurden, hat Stifter zu verschiedenen Zeiten vorgenommen. Die ersten 12 Bögen revidierte er im Zeitraum bis zur ersten Aprilhälfte 1864 (Absendung an den Verleger), den Rest bis zum Schluß des ersten Bandes im Zeitraum bis Anfang Juli (Absendung an den Verleger). Die weitere Fortsetzung blieb in seinen Händen. In Einzelfällen mochte der Dichter diese oder jene Stelle erst später, als ihm Gustav Heckenast das Manuskript der F3 1867 wieder zurückschickte, verändert haben. Für seine Verbesserungen, Hinweise, Vermerke, Stichworte verwendete er zuzeiten verschiedene Tinten, benutzte spitze oder stumpfe Federn, verschiedene Blei- und Farbstifte. Manche Randnotizen betreffen Vormerkungen für eine spätere Entscheidung, eine neue Bearbeitung, die zumeist ein aufzuschiebendes Geschehen oder die Ausweitung eines Motivs betrifft. Zum Beispiel: „Pfarrer legt die Dinge" – „Spruch und Segen" – „Kleidung" – „Tische bereit" – „dem Heiland danken und ältester Pfarrer" – „(Pfarre ist Pirling)" (Mss. 74, Anm. 1, *mB*): „Clemens öfter in das Schloß kam und den Obrist fragen, ob er etwas befehle" – „nachsehen" (Mss. 78, Anm. 2, *aR mB*), dazu später: „und von da an waren wir glüklich, wie es fast keine Menschen auf Erden sind (?)" (Mss. 95, Marg. a, *mB*), eine in der *Mappe* F2 ähnlich formulierte Stelle, die jetzt für den Dichter fraglich ist. Eine momentane stilistische Unsicherheit: „Das wird euch lohnen (?)" (Mss. 100, Anm. 4, *idZ*); Ungewißheit in der Wahl eines Fachwortes: „Hukebakgerüste (hochdeutsches Wort zu finden)" (Mss. 108, Marg. b, *mB*), *idZ* „Kraxen", *aR mT* „Rükengerüste". Die auf später verlegte Wortwahl, Redewendung oder Gedankenverbindung, wie: „besser machen" (Mss. 79, Marg. f, *mR*); „gehört noch etwas herein" (Mss. 86, Marg. e, *mB*); „Wort?" (Mss. 91, Marg. c, *mB*); „Namen" (Mss. 92, Marg. a, *mB*); „das ist das Einzige, das ich thun kann, und das würde sie freuen" (Mss. 98, Marg. a, *mB*; *mR* „später"). Die Lücken, die Stifter mit dem richtigen Ausdruck nachträglich ausfüllt, z. B. „Wort?" (Mss. 91, Marg. c, *mB*) zusätzlich „Flunkerer"; ein Zwischenraum ist offengelassen für den Namen des Prager Trödlers, der bereits im 3. Kapitel Manasse heißt (Mss. 105, Anm. 4, *idZ* Lücke, *aR mB* „Namen"); in dieser Zeit hatte Stifter den ersten Teil der *Mappe*, in dem der Name Manasse vorkommt, bereits abgeschickt. Dann sind es geographische, die Prager Lokalitäten betreffende Beziehungen, die im Text ausgelassen sind und nach Erkundigungen später eingesetzt wurden, wie: „in der Tischlergasse" – „Podol" – „Nusle" – „den Roßmarkt" – „Smichow" (Mss. 22. Anm. 1, *maT*; 24, Anm. 12, *maT*; 24, Anm. 14, *maT*; 53, Marg. a usw.).

Die nachstehende Zusammenstellung der Lebensumstände Stifters im Jahre 1864, die auf seinen eigenen Angaben beruhen und zum größten Teil noch nicht publiziert wurden, sind als Hilfestellung für die Erkenntnis des genetischen Schaffensprozesses der F3 gedacht. Sie zeigt den täglichen Arbeitsaufwand des Dichters an der *Mappe*, die Schwankungen seines labilen Gesundheitszustandes, seine Freizeitbeschäftigung als Maler sowie den wichtigsten Briefwechsel im Zusammenhang mit der *Mappe*-Dichtung.

1. Über das Pensum, das Stifter vom Jänner bis zum Oktober 1864 für die F3 während seiner Krankheit bewältigte, gibt das schon erwähnte Heft, das er für diesen Zweck anlegte, genaueste Auskunft. Es trägt die Aufschrift: „Seiten- und Bogenrechnung für die Mappe meines Urgroßvaters – am 23. Jänner 1864 die Umarbeitung und der Abschluß dieses Werkes begonnen – Studienformat 1 Bogen = 24 Seiten – 1 Seite = 966 Buchstaben – Linz am 23. Jänner 1864."

Die von Stifter dazu benützten, zur Hälfte gefalteten Blätter, haben das Format der *Mappe* F3, wobei er als Umschlag das abgelegte erste Blatt der *Mappe* F3 (s. Anlage) verwendete. Die Eintragungen sind in Rubriken geteilt: Datum – Schriftseiten – Bogen – Seiten – Buchstaben (STAP, Sign. 237).

2. Bereits als Rekonvaleszent notierte Stifter vom 19. April an seine körperlichen Gefühle und Gemütsverfassungen. Dazu diente ihm, wie erwähnt, ein aus acht paginierten Blättern bestehendes Heft, betitelt „Mein Befinden". Es

sind einzeln gefaltete Quartblätter, (z.T. Bruchstücke zur F3, s. Anlage). Die ersten zwei beidseitig beschriebenen Blätter reichen vom 19. April bis zum 16. Juli 1864 (ohne Jahresangabe). Stifter setzte in den Lackenhäusern die Eintragungen gesondert fort. In „Mein Befinden" merkte er nach dem 16. Juli an: „Landaufenthalt vom 17. Juli bis 9. Oktober (Eigenes Verzeichnis dafür)". Dieses Verzeichnis hat sich nicht erhalten. Vom 10. Oktober bis zum 31. Oktober benützte er wieder das alte Heft, bis zum Schluß des 2. Blattes. Das 3. und 4. Blatt fehlt. Das 5. bis 8. Blatt reicht (ohne Jahresangabe) vom 27. Jänner bis zum 10. April (Format der F4). Vermutlich handelt es sich um das Jahr 1865, da Stifter am 18. April nach Wien reiste und ab 6. Mai in Karlsbad zur Kur war. Die stellenweise unleserlichen Eintragungen sind mit Bleistift geschrieben. Stifter hatte für seine auf persönlichen Beobachtungen beruhenden Symptome ein besonderes System. Mit dem Rotstift bezeichnete er in der Zeile oder am Rande die spezifizierten Zustände der Unruhe, „Eingenommenheit", u. ä.; mit einem „Ä" die der Ängstlichkeit; mit dem Blaustift die guten Empfindungen; außerdem am Rande in der entsprechenden Farbe die Zahl der guten oder schlechten bzw. gemischten Tage. Auch unterschied er durch leichte oder kräftigere, oftmalige Unterstreichungen die Stärke des Wohlbefindens oder Mißbehagens (STAP, Sign. 240).

3. Stifters pedantisch genaue Aufzeichnungen über seine liebste Beschäftigung als Amateurmaler sind bekannt. Sein „Tagebuch über Malerarbeiten" reicht vom 5. Februar 1854 bis zum 13. Dezember 1867. In der Zeit der Bearbeitung der *Mappe* F3 beziehen sich die Eintragungen in dem Großoktavheft (STAP, Sign. 238) auf vier Bilder: „Einsamkeit", „Sehnsucht", „Vergangenheit" und „Bewegung". An diesen Bildern zeichnete und malte er unermüdlich seit vielen Jahren. Es waren künstlerische Versuche, die in seinen weitreichenden schöngeistigen Bestrebungen eine fruchtbare Ergänzung zur Dichtkunst bildeten. Doch verwarf er immer wieder, unzufrieden mit der Ausführung, das fertige Bild und begann die Arbeit von neuem. Im Jahre 1864 gab es Tage, an denen ihn die Krankheit von der Staffelei wie vom Schreiben ferngehalten hat; aus den folgenden Aufzeichnungen ist zu erkennen, daß in den guten Tagen seine Liebhaberei bis zu drei Stunden in Anspruch nahm, manchmal aber auch nur eine Viertelstunde.

4. Der Briefwechsel vervollständigt das Bild, das die Umstände des Gestaltungsweges der Dritten *Mappe* hervorhebt. Es sind vor allem die Briefe an Gustav Heckenast, die über den Fortgang der Arbeit an der F3 als auch über den Genesungsverlauf berichten. Auf den Plan, die *Mappe* in ein romanhaftes Werk umzugestalten, beziehen sich schon frühere Briefe an den Verleger (1846, 1847, 1857). Am 28. Dezember 1846 schrieb Stifter über das Vorhaben: „... die Mappe hat zwei Bände. Ich fürchtete es gleich. Das Karakterbild des Doctors, wie ich es mir dachte, ist nicht anders zu bewältigen, oder

ich muß seicht werden, und in gewöhnlichen Novellen- und Tagebuch- und Liebesfrasen fort schlendern, statt einen wirklichen plastischen, nach allen Seiten thätigen, gütigen und starken Mann zu geben" (1, XVII – S. 196, 405). Die Gestaltung der Studien-*Mappe* war dann freilich nicht dazu angetan, die künstlerischen Ansprüche des Dichters zu befriedigen. Seine Enttäuschung äußerte er dem Verleger am 16. Februar 1847: „... wegen der Mappe. Das ist eine heillose Geschichte. Das Buch gefällt mir nicht. Es ist so schön, so tief, so lieb in mir gewesen, es könnte in der Art hold und eigenthümlich und duftig sein, wie das Haidedorf, aber tiefer, körniger, großartiger und dann ganz rein und klar und durchsichtig in der Form. Ich wollte drei Karaktere geben, in denen sich die Einfachheit, Größe und Güte der menschlichen Seele spiegelt, durch lauter gewöhnliche Begebenheiten und Verhältnisse gebothen – wäre es gelungen, dann hätte das Buch mit der Größe, mit der Einfalt und mit dem Reize der Antike gewirkt. – So aber ist es nicht so, und es hat mich oft bei der Correctur geradezu schreklich gelangweilt ... Das Abscheulichste aber ist, daß ich es in mir empfinde, daß ich das Ding so machen könnte, wie ich es wollte, daß es mir in Haupt und Herzen liegt, greifbar, darstellbar – und wenn ich so die freundlichsten geweihtesten Stunden darauf verwenden würde, so würde es sich zusammen finden, einfach, klar, durchsichtig und ein Labsal, wie die Luft ... Die ersten 4 Bogen (mit Ausnahme des Hängeversuches, der weg muß, weil der Doctor das nicht thut) sind so ziemlich gut, besonders die Erzählung des Obrists, welcher Karakter überhaupt der beste ist, dann muß der Eissturz und manche Scene mit Margarita gut wirken. Das andere – – wie wird es sein?! – – Ich habe mich nicht umsonst so auf das Buch gefürchtet – und schreiben mußte ich es, weil es eine Seite, und ich bilde mir ein, eine gar so schöne Seite meiner Seele ist. Lassen wir nun dieses Bruchstük, wie es ist, als eine Studie, in den Studien stehen. Ich werde die ,freundlichsten geweihten' Stunden zusammen suchen, allmälig an dem Dinge arbeiten, kein Blat aus der Hand geben, und endlich das ganze Werk rein gefeilt, geordnet, vollendet und geklärt in Ihre Hände geben, daß Sie in zwei Bänden ein selbständiges Buch daraus machen, und es den Leuten geben" (1, XVII – S. 208 ff.).

Einen wohl freundlich-beschwichtigenden Brief Gustav Heckenasts (der sich nicht erhalten hat) zu dieser Selbstkritik beantwortete Stifter am 1. März 1847: „Daß ich die Mappe, mein Lieblingskind, wie Sie sagen, so strenge beurtheile, kömmt eben daher, weil sie mein Lieblingskind ist, und ich an demselben nur das Klarste, Edelste, Schönste sehen möchte. Daß andere nicht so strenge sein werden, weiß ich wohl, aber die Andern wißen dafür auch nicht, was mir vorgeschwebt ist, und was ich erreicht habe" (1, XVII – S. 212). Erst zehn Jahre später brachte der Dichter seine alte Idee wieder zur Sprache: „Es könnte sein, daß die Mappe ... einen 2. Theil bekäme, wie wir es einmal besprachen" (Brief an Heckenast vom 16. Dezember 1857, 1, XIX – S. 81). Der Verleger war dieser Anregung nicht abgeneigt und schickte von da an, obwohl die Vollendung des „Witiko"-Romans nicht absehbar war, nach Linz monatliche Raten von 100 Gulden als Vorschuß auf das Honorar (1, XIX – S. 312). In dieser Angelegenheit hat sich eine bemerkenswerte Notiz Heckenasts zu Stifters Konto erhalten: „Adalbert Stifter hatte sich in Bezug auf die Zeit, in welcher er 3 historische Romane fertig zu bringen gedachte, so sehr getäuscht, daß statt wie er dachte in wenigen Jahren (bis 1866, wie er versicherte) 3 Romane zu beenden – erst nach vollen˚zehn Jahren die 1. Abtheilung Witiko im Druck erscheinen konnte. Inzwischen waren seinem dringenden Wunsche gemäß die monatlichen Vorschüsse von meiner Seite immerfort geleistet worden" (1, XIX – S. 312).

Aus einem Schreiben Stifters (Brief vom 25. Dezember 1864, 1, XX – S. 247) an den Maler August Piepenhagen geht hervor, daß ihn die Krankheit am 20. Dezember 1863 befiel. Sie hatte einen „schleppenden, schleichenden" Verlauf und machte es möglich, daß sich der Dichter in besseren Tagen an die Umdichtung der *Mappe* getrauen konnte, eine Arbeit, die für ihn ein „Born" der Gesundheit war.

In der angeführten Gliederung verfolgen wir den Fortgang dieser Arbeit im parallelen Gang des Krankheits- und Gesundungsverlaufs.

Seit dem Ausbruch der Krankheit bis zum 8. Februar 1864 verzeichnet Stifters Korrespondenz keine brieflichen Kontakte mit der Außenwelt. Auch seine „Malerarbeiten" sind im Vergleich zu früher eingeschränkt. Während er noch am 16. Dezember 1863 an dem Bilde „Sehnsucht" drei Stunden zeichnete, kürzte er diese Beschäftigung, die zumeist in die Frühmorgenstunde oder um die Mittagstunde fiel, in den folgenden Monaten etwas ab.

Um die folgende Zusammenstellung aus den obengenannten Aufzeichnungen für das Jahr 1864 besonders auf Stifters Arbeit an der *Mappe*-Dichtung zu konzentrieren, werden das Tagebuch „Mein Befinden" und das „Malertagebuch" nur für den Monat April zitiert.

1864
Jänner

22. „Die Mappe meines Urgroßvaters 22. Jänner 1864 neu begonnen" – „Seiten- und Bogenrechnung" (Abk.: SBR): Umschlagseite

23. 1. Tag von Stifters Eintragung in der SBR.
Beginn der Niederschrift: 1. Band–1. Kap. „Die Alterthümer", 1.–2. Mss.

24. Sonntag	SBR: 3.–4. Mss.
25.	SBR: 5.–6. Mss.
26.	SBR: 7.–8. Mss.
27.	SBR: 9.–10. Mss.
28.	SBR: 11.–13. Mss.
29.	SBR: 14.–18. Mss. „1. Capitel aus." „2 Bogen, 3 Seiten."
30.	SBR: 17.–18. Mss. „2. Capitel aus." „2 Bogen, 6 Seiten." (Handschrift „Das Gelöbniß" nicht erhalten geblieben)
31. Sonntag	SBR: Beginn des 3. Kap. „Die Geschichte der zwei Bettler", 19. Mss.

Februar

1.	SBR: 20. Mss.
2.	SBR: 21.–22. Mss.
3.	SBR: 23.–24. Mss.
4.	SBR: 25.–26. Mss.
5.	SBR: 27.–30. Mss.
6.	SBR: 31.–34. Mss. „3. Capitel aus." „4 Bogen, 13 Seiten."
7. Sonntag	SBR: Beginn des 4. Kap. „Thal ob Pirling", 35. Mss.
8.	SBR: 36. Mss.
9.	SBR: 37. Mss.
10.	Unterbrechung der Arbeit an der *Mappe*
11.	SBR: 38. Mss.
12.	Unterbrechung der Arbeit an der *Mappe* – Brief an Heckenast (über die Ursachen seiner Erkrankung, den ersten Ausgang „in die Luft". Begründung der Unterbrechung der Arbeit am „Witiko" und des Wechsels zur *Mappe*. [1, XX – S. 178 ff.])
13.	SBR: 39. Mss.
14. Sonntag	SBR: 40. Mss.
15.	SBR: 41.–42. Mss.
16.	SBR: 43.–44. Mss.
17.	SBR: 45.–46. Mss.
18.	SBR: 47.–48. Mss.
19.	SBR: 49.–50. Mss.

[Februar]

20.	SBR: 51.–52. Mss.
21. Sonntag	SBR: 53.–54. Mss.
22.	SBR: 55. Mss.
23.	SBR: 56.–58. Mss.
24.	SBR: 59.–60. Mss.
25.	Unterbrechung der Arbeit an der *Mappe*
26.	SBR: 61.–62. Mss. „4. Capitel aus." „8 Bogen, 23 Seiten"
27.	Beginn des 5. Kapitels „Margarita". SBR: 63. Mss.
28. Sonntag	SBR: 64. Mss.
29.	SBR: 65.–66. Mss.

März

1.	SBR: 67.–68. Mss.
2.	Unterbrechung der Arbeit an der *Mappe*
3.	SBR: 69.–70. Mss.
4.	SBR: 71. Mss.
5.	SBR: 72. Mss.
6. Sonntag – 10.	Unterbrechung der Arbeit an der *Mappe*
11.	SBR: 73. Mss.
12.	SBR: 74. Mss.
13. Sonntag – 13. April	Unterbrechung der Arbeit an der *Mappe* (33 Tage) – Brief an Carl Löffler („Ich bin bei Tage außer Bett, muß aber jede geistige Anstrengung und Aufregung meiden …" [1, XX – S. 186])
22.	Brief an Auguste von Jäger (Veränderlicher Gesundheitszustand Stifters. Neuer Arzt. Ausgangsverbot. Pflanzenkost. „Heute ein etwas fieberischer Tag … morgen werde ich wieder in meinem Zimmer pfeifen und fröhlich sein." [1, XX – S. 182 ff.])
24.	Brief an Heckenast („… meine Krankheit unzählige Male verbessert und wieder verschlimmert … so daß ich an Allem den Antheil verlor … Auch vor dem Dichten bekam ich endlich Ekel … Fieberhizen … eine außerordentliche Aufregung." Diagnose des Arztes: verstimmtes Nervensystem, hervorgerufen

durch geistige Anstrengung, mangelnde Körperbewegung und „zu gute" Ernährung. 14 Tage Verbot geistiger Arbeit. „Heute Nachts dichtete ich aber doch schon im Bette ... in meiner fröhlichen gehobenen Stimmung ... ich fühlte mich ... so heiter und so lebenslustig, wie seit mehreren Jahren ... nicht." [1, XX – S.185])

25.–31. Keine Eintragungen

April

1. Genesung nach der Krankheit vom 21. Dezember 1863 (s. Brief an Heckenast vom 14. April)

2.–13. Keine Eintragungen

14. Fortsetzung der Arbeit an der *Mappe* nach 33 Tagen. SBR: 75. Mss. –
Brief an Heckenast („... habe seit 21. Dezember fast nichts gegessen bis 1. April. Der Arzt erklärt mich für wiedergenesend, ich esse seit 10 Tagen mit vielem Hunger aber mäßig, bin nun schlank ... zu Zeiten ist schon ein so gehobenes Gefühl von Lebensmuth Arbeitslust Schöpfungsdrang in mir." Stifter kann schon in seinem Zimmer bis 1½ Stunden „rasch auf und abgehen". Die *Mappe* soll aber „noch ein Weilchen" ruhen. „Wenn es mir nur auch recht bald gelänge, aus diesem Amte mit seinem anklebenden Verdrusse zu kommen." Verspricht in wenigen Tagen 12 Bogen der *Mappe* zu schicken. Will die „genesenden Kräfte" noch weiter auf die *Mappe* anwenden und die nächsten Kapitel schreiben. „Eustach und Christine ... werden sich im 2. Bande weiter entwikeln." [1, XX – S.188f.])

15. Unterbrechung der Arbeit an der *Mappe*

16. SBR: 76. Mss. –
Brief an Auguste von Jäger („... ich bin noch nicht kräftig und stark ... Meine Frau hat mir zum Überflusse einen Schnupfen und rauhen Hals angehängt, der mir natürlich jezt empfindlicher ist ..." [1, XX – S.190f.])

17. Sonntag – 19. Unterbrechung der Arbeit an der *Mappe*

19. Erste Eintragung in das Tagebuch „Mein Befinden" (Abk.: MB): „Den ganzen Tag Ängstlichkeiten"

20. Unterbrechung der Arbeit an der *Mappe* –
MB: „Den ganzen Tag sehr gut (Rindfleisch gegessen und Nachts sehr gut)"

[April]

21.   SBR: 77. Mss. –
MB: „Den ganzen Tag gut (erst gegen Abend etwas Kopfweh)"

22.   Unterbrechung der Arbeit an der *Mappe* –
MB: „Den ganzen Tag sehr gut (Rindfleisch, gebak. Kizl) Abends Hunger"

23.   SBR: 78. Mss. –
MB: „Bis gegen 11 sehr gut, dann eingenommen und etwas ängstlich bis Nachts. Nachts viel Husten (8½–9¾) mit dünnem Schleim. Etwas Hize in der Nacht. Morgens etwas eingenommener Kopf (Suppe, Rindfleisch, gebr. Huhn, gemischter Salat) ziemlich gut geschmekt" –
Brief an Therese von Jäger („… Meine Genesung schreitet vorwärts." Kein Verkehr „mit der Welt" [1, XX – S. 192])

24. Sonntag – 26. Unterbrechung der Arbeit an der *Mappe* –
MB: „Bis Mittag ziemlich gut, Nachmittag sehr gut. Suppe, Rindfleisch, Taube, Sp[argel?], sehr gut. Nacht ausgezeichnet" –
Malerarbeiten wieder aufgenommen: Malertagebuch (Abk.: MT): „An der Bewegung gezeichnet. Neue Zeichnung (1 St.)"

25.   MB: „Bis Abends ausgezeichnet. Suppe, Rindfleisch, Taube, Sp[argel?], sehr gut. Nacht in Folge Zornes wegen der Fr. [Frau?] unruhig." –
MT: „An der Bewegung gezeichnet (15 Min)"

26.   MB: „Vormittag sehr gut, Nachmittag hie und da unruhig. Suppe, Rindfleisch, Braten, Sp[argel?], sehr gut. Nacht gut." –
MT: „An der Bewegung gezeichnet (1.15 St.)" –
Brief an Heckenast („… habe eine so klare schaffensfreudige Stimmung, wie ich sie bei 4 Jahren her nicht hatte." [1, XX – S. 194])

SBR: 79. Mss. –
MB: „Sehr gut, Nacht sehr gut, ½ Stunde ausgefahren, sehr gut. (Suppe, Rindfleisch, Taube, Sp[argel?], sehr gut)" –
MT: „An der Bewegung gezeichnet (1 St.)"

28.   Unterbrechung der Arbeit an der *Mappe* –
MB: „Ausgezeichnet aufgestanden. Viel Verdruß mit der Fr. [Frau?]. Spazierfahrt 1 Stunde, sehr gut, Abends sehr gut. Nacht ziemlich unruhig und ängstlich. Ärger – schuld daran?" –

	MT: „An der Bewegung gezeichnet (1.25 St.)"
29.	SBR: 80. Mss. –
	MB: „Etwas unruhig. Nacht sehr gut. Suppe, Rindfleisch, ½ Haselhuhn, Sp[argel?], sehr gut" –
	MT: „An der Bewegung gezeichnet (1 St.)"
30.	Unterbrechung der Arbeit an der *Mappe* –
	MB: „Ausgezeichnet. Nacht gut. Suppe, Rindfleisch, ½ Haselhuhn, Sp[argel?], sehr gut" –
	MT: „An der Bewegung gezeichnet (1 St.)"

Mai

1. Sonntag	SBR: 81. Mss.
2.	Unterbrechung der Arbeit an der *Mappe*
3.	SBR: 82. Mss.
4.	SBR: 83. Mss.
5.	Unterbrechung der Arbeit an der *Mappe*
6.	SBR: 84. Mss.
7.	SBR: 85. Mss.
8.	SBR: 86. Mss.
9./10.	Unterbrechung der Arbeit an der *Mappe*
11.	SBR: 87.–88. Mss. „5. Capitel aus." „13 Bogen, 9 Seiten"
12./13.	Unterbrechung der Arbeit an der *Mappe*
14.	SBR: Beginn des 6. Kapitels „Vom sanftmüthigen Obrist", 89. Mss.
15. Sonntag	SBR: 90. Mss.
16.–18.	Unterbrechung der Arbeit an der *Mappe*
19.	SBR: 91. Mss.
20.	SBR: 92. Mss.
21.–24.	Unterbrechung der Arbeit an der *Mappe*
24.	Brief an Therese von Jäger („… gehe täglich 2 Male in einen Garten, wo ich ein Stük pachtweise habe, und arbeite dort. Es thut mir sehr gut …" [1, XX – S. 195])
25.	SBR: 93. Mss.
26.	SBR: 94. Mss.

[Mai]
27.   SBR: 95. Mss.
28.   Unterbrechung der Arbeit an der *Mappe*
29. Sonntag SBR: 96. Mss.
30.   SBR: 97. Mss.
31.   SBR: 98. Mss.
Juni
 1.   Unterbrechung der Arbeit an der *Mappe*
 2.   SBR: 99. Mss.
 3.   SBR: 100. Mss.
 4.   SBR: 101. Mss.
 5. Sonntag SBR: 102. Mss. „6. Capitel aus." „15 Bogen, 16 Seiten"
 6.   Unterbrechung der Arbeit an der *Mappe*
 7.   Beginn des 7. Kapitels „Von unserem Hause"
 8.   Unterbrechung der Arbeit an der *Mappe*
 9.   SBR: 104. Mss.
10.   SBR: 105. Mss.
11.   SBR: 106. Mss.
12. Sonntag – 20. Unterbrechung der Arbeit an der *Mappe*
20.   Brief an Franz X. Rosenberger (Bitte um Unterkunft für einige Wochen im Rosenbergerhaus in den Lackenhäusern; auf Anraten des Arztes Aufenthalt in einer „hochgelegenen, nadelwaldigen Gegend" erforderlich [1, XX – S.196])
21.   SBR: 107. Mss.
22.   Unterbrechung der Arbeit an der *Mappe*
23.   SBR: 108. Mss. –
            Brief an Friedrich Uhl (Mühsame Genesung von seiner Krankheit: „… als ginge ich auf Knieen und Handgelenken auf den hiesigen Pöstlingberg hinauf …" [1, XX – S.198])
24.   Unterbrechung der Arbeit an der *Mappe*
25.   SBR: 109. Mss.
26. Sonntag Unterbrechung der Arbeit an der *Mappe*
27.   SBR: 110. Mss.

28./29.	Unterbrechung der Arbeit an der *Mappe*
30.	SBR: 111.–112. Mss. „7. Capitel aus. Erster Band aus." „17 Bogen, 3 Seiten"

Juli

1.–5.	Unterbrechung der Arbeit an der *Mappe*
1.	Brief an Heckenast (Stifter sendet dem Verleger den Schluß des 1. Bandes der *Mappe*. „Mein Übel ist gewichen, ich fühle noch einige Mattigkeit und stets sehr vielen Hunger … Meine Kraft schreitet jezt schnell vorwärts." [1, XX – S. 200 f.])
5.	Brief an Franz X. Rosenberger (Dank für die Einladung in das Rosenbergerhaus. Stifter will in den Lackenhäusern malen, „da mir das Dichten vor der Hand verbothen ist" und drei „angefangene" Bilder vorausschicken [1, XX – S. 203 f.])
6.	Beginn des 2. Bandes „Von meinem Hause", 1. Kapitel SBR: 113.–114. Mss.
7.	Unterbrechung der Arbeit an der *Mappe*
8.	SBR: 115. Mss.
9.	Unterbrechung der Arbeit an der *Mappe*
10. Sonntag	SBR: 116. Mss.
11.	Unterbrechung der Arbeit an der *Mappe*
12.	SBR: 117. Mss.
13.	Unterbrechung der Arbeit an der *Mappe*
14.	SBR: 118. Mss. – Brief an Franz X. Rosenberger (Stifter schickt Kisten mit Ölgemälden. Kommt mit seiner Frau voraussichtlich am 17. Juli in Passau an [1, XX – S. 205 f.])
15.	SBR: 119. Mss.
16.	Unterbrechung der Arbeit an der *Mappe*
17. Sonntag	Abreise Stifters mit Gattin von Linz nach Passau
18.–20.	Aufenthalt in Passau bis 20. Juli
21.	Abreise von Passau nach den Lackenhäusern
22.	Aufenthalt in den Lackenhäusern bis 9. Oktober 1864 (s. Brief an Franz X. Rosenberger vom 29. September 1864 [1, XXII – S. 248])

[Juli]

23.	SBR: 120. Mss. –
	Brief an Heckenast („… Ich glaube nun bald so kräftig zu sein, daß ich wieder werde an den Witiko gehen können … Inzwischen werde ich mit der Mappe fertig." [1, XX – S.206])
24. Sonntag	Unterbrechung der Arbeit an der *Mappe*
25.	SBR: 121. Mss.
26./27.	Unterbrechung der Arbeit an der *Mappe*
28.	SBR: 122. Mss.
29.	Unterbrechung der Arbeit an der *Mappe*
30.	SBR: 123. Mss.
31. Sonntag	– 1. August Unterbrechung der Arbeit an der *Mappe* – Erkrankung der Gattin (s. Brief an Dr. Karl Essenwein vom 11. August 1864)

August

2.	SBR: 124. Mss.
3.–5.	Unterbrechung der Arbeit an der *Mappe*
6.	SBR: 125. Mss.
7. Sonntag	Unterbrechung der Arbeit an der *Mappe*
8.	SBR: 126. Mss.
9.	SBR: 127. Mss.
10.	SBR: 128. Mss.
11.	Unterbrechung der Arbeit an der *Mappe* – Brief an Dr. Karl Essenwein (Stifters Bericht an seinen Hausarzt über die Abreise von Linz am 17. Juli nach Passau und den Lakkenhäusern, Spaziergänge in die Umgebung, Verkühlung nach einem kalten Freibad, Angstgefühle wegen Erkrankung der Gattin, sonst „vollkommen gesund und heiter" mit gutem Appetit [1, XX – S.208f.])
12.	SBR: 129. Mss.
13./14.	Unterbrechung der Arbeit an der *Mappe*
15.	SBR: 130. Mss.
16.	Unterbrechung der Arbeit an der *Mappe*
17.	SBR: 131. Mss.

18.	SBR: 132. Mss.
19.	SBR: 133. Mss.
20.	SBR: 134. Mss.
21. Sonntag	SBR: 135. Mss.
22.	SBR: 136. Mss.
23.	Unterbrechung der Arbeit an der *Mappe*
24.	SBR: 137. Mss.
25.	SBR: 138. Mss.
26.	SBR: 139. Mss.
27.	SBR: 140. Mss.

28. Sonntag/ 29. Unterbrechung der Arbeit an der *Mappe* – Brief an Heckenast (Vorschläge zur Herausgabe des 1. „Witiko"-Bandes. Rechtfertigung wegen Einstellung der Arbeit am „Witiko" Ende 1863 und Hinwendung zur *Mappe*, „deren Vorstellungen mir aus gesunder kräftiger Zeit geläufig waren". Seinerzeitige „unerquickliche Verhältnisse im Amte" sowie Krankheit die Ursachen des „Grams", „denn mein Geist war ein halbes Kind geworden" [1, XX – S. 213 ff.])

30.	SBR: 141. Mss.
31.	SBR: 142. Mss.

September

1./2.	Unterbrechung der Arbeit an der *Mappe*
3.	SBR: 143. Mss.
4. Sonntag	SBR: 144. Mss.
5.	SBR: 145. Mss.
6.	SBR: 146. Mss.
7.	SBR: 147. Mss.
8.	SBR: 148. Mss.
9.	SBR: 149. Mss.
10.	SBR: 150. Mss.
11. Sonntag	SBR: 151. Mss.
12.	SBR: 152. Mss.
13.	SBR: 153. Mss.

[September]

14.   SBR: 154. Mss.

15.–17.   Unterbrechung der Arbeit an der *Mappe*

18. Sonntag SBR: 155. Mss.

19.   Unterbrechung der Arbeit an der *Mappe*

20.   SBR: 156. Mss.

21.   Unterbrechung der Arbeit an der *Mappe*

22.   SBR: 157.–158. Mss. „1. Capitel aus." „8 Bogen, 18 Seiten" (des 2. Bandes)

23.–26.   Unterbrechung der Arbeit an der *Mappe* –
Brief an Heckenast (Die Hälfte des 2. Bandes der *Mappe* „fertig", das Manuskript geht nächstens über Passau nach Pest. „Ich bin in der Mappe an einem Absaze, und könnte jezt sofort an den Witiko gehen." Beabsichtigt „in der nächsten Woche von hier über Passau" nach Linz zurückzukehren [1, XX – S. 221 f.])

25. Sonntag Brief an Josef Schaller (Von einer „Menge von Geschäftsbriefen" überhäuft [1, XX – S. 224])

27.   Beginn des 2. Kapitels (2. Band) „Das Scheibenschießen in Pirling" –
SBR: 159.–160. Mss.

28./29.   Unterbrechung der Arbeit an der *Mappe*

30.   SBR: 161. Mss.

Oktober

1.   SBR: 162. Mss.

2. Sonntag SBR: 163. Mss.

3.–5.   Unterbrechung der Arbeit an der *Mappe*

6.   SBR: 164. Mss.

7.   Endgültige Unterbrechung der Arbeit an der *Mappe* ohne Abschluß

31.   Ende von Stifters Krankenurlaub

Dezember

6.   Brief an Heckenast (Vorschlag „nach dem 1. Bande Witiko sogleich die Mappe" zu drucken, „da zu ihrer Vollendung so

	wenig mehr fehlt? In wenigen Wochen könnte sie drukfertig sein, der 1. Band sogar noch früher. Auch arbeite ich jezt an der Mappe noch leichter als am Witiko." Urlaubsverlängerung „auf 3 Monate" [1, XX – S. 235])
17.	Brief an Heckenast (Neuerliche Rechtfertigung Stifters wegen der Verzögerung und Unterbrechung seiner Arbeit am „Witiko" Ende 1863. Betroffenheit über die Vorwürfe des Verlegers, dessen Brief nicht erhalten ist [1, XX – S. 236 ff.]). Sie bewirkten zweifellos, das der Dichter fortan seine Kräfte für die Fortsetzung der „Witiko"-Arbeit voll einsetzte. Auf Stifters Vorschlag vom 6. Dezember, die *Mappe* vor dem „Witiko" zu drucken, wurde nicht weiter eingegangen.
1865 Juli 29.	Brief an Heckenast („... ich that ... das Übermenschliche ... und machte die zwei Bände Mappe fast fertig, weil ich am Witiko nicht arbeiten konnte, und zerstörte vielleicht wieder, was der Arzt gut machte, und verzögerte die Genesung" [1, XIX – S. 13]). Mit diesem tiefen Bedauern über das gescheiterte Werk schließt die Geschichte der F3. Die Neubearbeitung (F4) wurde erst im August 1867 in Gang gebracht, nachdem sich der Dichter immer wieder der Hoffnung hingegeben hatte, sich seinem „Lieblingskinde" bald widmen zu können (Briefe an Heckenast vom 28. Februar, 24. Juni, 27. Oktober 1866, 8. Februar, 23. März, 6. August 1867).

Beschreibung der Handschriften

Der erste Herausgeber der F4 beschrieb im textkritischen Bericht seiner Edition sowohl die Handschrift F3 als auch F4 (1, XII – S. 375 ff.). Vom Standpunkt der Entstehung beider Fassungen gehören beide Handschriften zum Teil zusammen, da dem Dichter die 1864 entstandene F3, insbesondere die ersten vier Kapitel als Ausgangspunkt für die 1867 geschriebene F 4 diente.

Die Manuskripte beider Handschriften zusammen mit einigen Bruchstükken bewahrt die Prager Staatsbibliothek (STAP, Sign. 213) als Teil der von August Sauer begründeten großen Prager Ausgabe der sämtlichen Werke Stifters. In ihrer Handschriftenabteilung befinden sich die Manuskripte und Abschriften eines Teiles von Stifters Erzählungen, Gedichten, Schriften, Aufsätzen, Dokumenten und Urkunden sowie sein Briefwechsel.

Das Konvolut der F3 besteht aus 82 beidseitig beschriebenen Blättern. Die 164 Seiten sind vom Dichter jeweils auf der Vorderseite in der rechten oberen Ecke fortlaufend paginiert (z. B. „Mappe 11"), auf der Rückseite in der linken oberen Ecke (z. B. „12").

Von diesen 164 Seiten beinhalten die ersten 62 Seiten (mit Ausnahme des 2. Kapitels) sowohl die F3 (Grundtext) als auch die F4 (ungestrichener Grundtext mit Textänderungen und Beilagen), d. h. daß die ersten vier Kapitel bis zur Mss. 62 in gemeinsamer Niederschrift für beide Fassungen eine äußere Einheit bilden (siehe Übersichtstafel). Davon ausgenommen ist das 2. Kapitel, „Das Gelöbniß" (Mss. 17–18), das in der Dritten Fassung überhaupt fehlt und nur als F4 (Format der F4) erhalten ist. Im 4. Kapitel „Thal ob Pirling" haben die Mss. 49–54 und 61–62 bereits zwei selbständige Fassungen (F3 und F4), die auf eigenen Blättern geschrieben sind. Dazu kommen acht Beilagen für die F4, die Stifter 1867 dort einsetzte, wo er mit den vielen Streichungen und Randverbesserungen in der F3 aus Platzgründen nicht mehr auskam (Beilagen zu Mss. 8, 19, 21, 25, 33, 36, 43, 56), wobei er an der betreffenden Stelle von F3 den Hinweis gab, z. B.: „Siehe Beilage"; in der Beilage z. B.: „Hier geht die Schrift auf S. 8 weiter". Jene Seiten der F3, die Stifter durch neue Blätter für die F4 ersetzte, wurden durch einen in der Mitte senkrecht von oben nach unten geführten Rötelstrich als ausgeschieden gekennzeichnet.

Ab Mss. 63 gibt es bis Mss. 164 zwei getrennte selbständige Manuskripte der F3 und F4. Die Mss. 63–144 der F3 sind ebenfalls mit Rötel durchgestrichen. Zu bemerken ist noch, daß zur F3 sieben Blätter Vorfassungen erhalten sind, die in dieser Ausgabe mit den Bruchstücken im Anhang abgedruckt

Beschreibung der Handschriften

sind (die Mss. 35–36 in zwei Versionen, mit a und b bezeichnet, 71–72, 89–90, 103–106, 139–140). Die wenigen Bruchstücke sind ebenfalls Vorfassungen der F3 (Mss. 1 des 1. Kapitels auf einem für die erwähnte „Seiten- und Bogenrechnung" benützten Blatt, Mss. 41 mit drei Worten und Mss. 85 mit zwei Absätzen, ebenfalls im Anhang).

Das Papier der F3 hat eine vergilbte weiße Farbe, das Quartformat die Ausmaße von 22 × 28,5 cm; das für die F4 und die Beilagen benützte Papier hat ein kleineres Format von 21 × 27,5 cm.

Übersicht der Handschriftenlage der *Mappe* F3 und F4

	Manuskriptseiten
F3 und F4 gemeinsam	1–62 (F4 in [II])
F3	63–164
F4	63–164 (in [II])
F4 – Beilagen	8, 19–20, 21, 25, 33–34, 36, 43, 56 (in [II])
F4 – im Kontext der gemeinsamen Fassung	49–54, 61–62 (in [II])
F3 – Vorfassungen	35a–35b, 36a–36b, 71–72, 89–90, 103–106, 139–140
F3 – Bruchstücke	Vorfassungen 1 (zweimal), 41, 85

Vergleich der *Mappe*-Fassungen

Von den Werken Adalbert Stifters steht in den letzten Jahrzehnten „Die Mappe meines Urgroßvaters" im Mittelpunkt des Interesses der in- und ausländischen Germanistik. Außer der deutschen gibt es niederländische und italienische, amerikanische und japanische Untersuchungen, die sich insbesondere mit dem Vergleich der drei Fassungen (F1, F2, F4) beschäftigen. Die Interpreten waren sich freilich mehr oder minder bewußt, daß eine Erfassung der dichterischen Entwicklung Stifters gerade bei diesem Werk ohne die Beiziehung der F3 in seinem ganzen künstlerischen Ausmaß unzureichend bleiben mußte. Es ist nicht Aufgabe des Kommentars, die F3 in dieser Hinsicht umfassend zu untersuchen. Die vorliegende Ausgabe gibt der Forschung die Möglichkeit, auf neue Fragestellungen zu antworten.

Es wird ein reizvoller, lohnender Auftrag sein, jene kritischen Stil- und Handlungsvergleiche anzustellen, die bereits gemacht wurden, und die F3-Parallele in diese Forschung hineinzunehmen. Es wird notwendig sein, erneut den Wandel der ästhetischen Prinzipien der *Mappe* zu beleuchten, den Weg von der subjektiven zur objektiven Darstellung, den Werdegang zur epischen Breite, zur beschreibenden Anschaulichkeit, zur klassisch-erhabenen Einfalt zu verfolgen, die verschiedenen Ebenen der Charakterdarstellung und Gemütsart, die Bewegung der Emotionen, der aggressiven und depressiven bis zur Resignation und Gefahr der Selbstaufgabe drohenden Umstände von neuem zu prüfen. Man wird die lange Strecke des Protagonisten der *Mappe*-Dichtung zur wachsenden Ausgeglichenheit, zur Selbsterziehung durch Arbeit, zum Selbstwertgefühl abermals durchmessen, der Entfaltung der humanen Tätigkeiten des in seiner Waldheimat wirkenden Heilbringers, seine Reifwerdung vom Ichbewußtsein zum Gemeinbewußtsein – im Spiegelbild des kranken Dichters – bis zu seiner Katharsis, zum Sittlichen, zur Ordnung und zum Rechten in veränderter Anschauung nachgehen müssen, aber auch nachsehen, wie sich der Zug der sprachlichen Dynamik zum gemilderten, gedämpften Sprachrhythmus der F4 bereits in der F3 äußert. Damit hängt auch die unterschiedliche Darstellungsform der beiden Fassungen zusammen. Es wird die These Franz Hüllers (1, XII – S. 379) zu beweisen sein, daß sich auf den letzten Umguß der *Mappe* die Kunstform des „Witiko" ausgewirkt habe und daher die F4 in der Darstellung „beherrscht, kürzer und geschlossener" sei, gegenüber dem persönlicheren Stil der F3, in ihrem offeneren, breiteren und gemächlicheren Fluß. Andere Interpreten werden vielleicht beweisen, daß die F3 gegenüber der F4, bei fast unverändertem Bestand ihrer Inhalte, bedeutende stilistische Unterschiede aufweist, daß die Ausdruckskraft des Dichters in der F3 gelöster ist, die seelischen Vorgänge ausgebreiteter, die Natur- und Landschaftsschilderung, die Beschreibung der Dinge reichhaltiger, die Handlungen der Menschen weitaus lebendiger gestaltet sind.

Die Dritte *Mappe* in die Zusammenhänge und Phasen der anderen Fassungen zu integrieren, wäre ein gewichtiges Unternehmen und würde den Schlußstein zur Würdigung dieser großartigen „Unvollendeten" setzen.

Zwischen der Ur-*Mappe* und der Letzten *Mappe* liegen 26 Jahre, in denen sich das Leben des Dichters als auch seine Kunstanschauungen gewandelt haben. In der neueren wissenschaftlichen Literatur gibt es eine Anzahl von Arbeiten, die sich mit dem Vergleich der bisher bekannten drei Fassungen beschäftigten. Sie vertreten durchweg die Ansicht, daß Stifters *Mappe*-Bearbeitungen Zeugnisse einer sich steigernden Gestaltungskraft sind, die sich in ihrem Wachstum von subjektiver zu objektiver Darstellung, in der Schlichtheit ihres Gehalts, in dem sprachlichen Ausdrucksvermögen, in der Auffassung der sittlichen Sendung des helfenden und heilbringenden Menschen zu reifster Kunst erhebt. Die weite Strecke, die der Dichter zurückgelegt hat, zeichnet den Weg vom „leidenschaftlichen, barocken Empfinden zur letzten Einfalt" (13), von romantisch-lyrischem Erzählen zu epischer Strenge, klassischer Stilisierung und herber Verhaltenheit (69). Die Themen seiner Erzählkunst bestehen in der Erziehung des Einzelnen im bescheidensten Wirkungskreis zur Pflicht des Lebens, in der Änderung des menschlichen Wesens und Willens zum Heil (77), im fruchtbaren Spannungsverhältnis des Menschen zu den Naturgewalten (70).

Adalbert Stifter definierte selbst die Grundsätze seiner eigenen Kunstanschauung, zu denen er sich in seinem Alterswerk durchgerungen hatte, in seinem Aufsatz „Über Werke der Holzschnitzerei" (1853; I, XIV – S. 305), als er über den Hochaltar der Pfarrkirche im oberösterreichischen Kefermarkt schrieb, ein Bildwerk, dem er im „Nachsommer" ein literarisches Denkmal setzte: „... an Einfalt, Größe und Frömmigkeit ist keine Kunst der deutschen gleich ... In seiner gewissen Kindlichkeit, Unbeholfenheit, ja Fehlerhaftigkeit der Ausführung liegt doch ein Adel, eine Anspruchslosigkeit, eine Selbstgeltung, eine Strenge und Keuschheit, die unser Herz mit einem Zauber von Rührung und Bewunderung umfängt", im Gegensatz zu einer Kunst, die „durch Anmaßung, Verrenkung und Übertreibung" ihre Leere und Hohlheit zu decken bemüht ist.

Es stellt sich die Frage, inwieweit die künstlerische Aufwärtsentwicklung von der ersten zur letzten Fassung der *Mappe* auch in den Wertmaßen zwischen der F3 und F4 zutrifft. Wir gehen von der Annahme aus, daß die drei Jahre, die zwischen den beiden Schöpfungen lagen, jeder Fassung ein eigenes

Gesicht gegeben haben. Die gründliche Umarbeitung der F3 berechtigt uns zu dieser Ansicht.

Die Ausgabe der bisher unbekannten Dritten Fassung ermöglicht der Forschung, die beiden Redaktionen in dieser Hinsicht einander gegenüberzustellen. Zu prüfen, wie sich die beiden Fassungen unterscheiden, ob etwa die Behauptung zutrifft, der Dichter verschleiere in der F4 die direkte Aussage und führe aus Scheu vor dem offen zur Schau gestellten Gefühl eine zu sachliche, ja harte Sprache, strebe den „homerischen" Stil oder die biblische Sprechweise an. Es wäre auch in Betracht zu ziehen, inwieweit vielleicht die fortschreitende Krankheit des Dichters in diesen Jahren an der Umbildung der künstlerischen Grundsätze ihren Anteil hatte, wie stark sich die Verhüllung der Dinge, die Retardierung der ethischen Reifung seiner Gestalten und ihr stilles Heldentum im Alltag bereits in der Struktur der jüngeren der beiden Fassungen vorfinden.

Daß der Dichter an die *Mappe*-Bearbeitungen zu verschiedenen Zeiten unter verschiedenen lebensbedingten wie künstlerischen Voraussetzungen heranging, ist natürlich. Die F3 begann er 1864 „mit Benüzung des Alten" mit anderen Vorstellungen als 1867. In seinem Brief an den Verleger vom 12. Februar 1864 (1, XX – S. 178 ff.) versuchte Stifter die Umstände zu erklären, warum er die aufregende, „Kühnheit und Frische" erfordernde Arbeit am „Witiko" Ende 1863 unterbrechen mußte und sich der *Mappe* zuwendete. „Mein Herz wußte, was ihm mangelte, und ging zu dem rechten Borne, Gesundheit trinken..." Zu diesem Zeitpunkt war der Krankheitsanfall vom vorigen Dezember bereits überwunden: „Gestern bin ich zum ersten Male in die Luft gegangen, heute wieder eine halbe Stunde. Mein Gemüth ist wieder heiter", heißt es in dem erwähnten Schreiben. Sechs Wochen später berichtete er seinem Freunde, daß sich sein Zustand seither „unzählige Male verbessert und wieder verschlimmert hat", so daß er „an Allem den Antheil verlor", doch jetzt sei er „schon so heiter und so lebenslustig wie seit mehreren Jahren nicht" (1, XX – S. 184 f.). Zur selben Zeit an Auguste v. Jäger: „Ich bin in Zeiten ganz gesund und dann wieder ganz krank..., heute ein etwas fieberischer Tag ... morgen werde ich wieder in meinem Zimmer pfeifen und fröhlich sein" (1, XX – S. 182 ff.). Ein weiteres Schreiben an Gustav Heckenast vom 14. April 1864 gibt dem Freunde bekannt, daß ihn der Arzt nach der Fastenzeit vom 21. Dezember bis zum 1. April für wieder gesund erklärt habe: „... zu Zeiten ist schon ein so gehobenes Gefühl von Lebensmuth Arbeitslust Schöpfungsdrang in mir." Und zwölf Tage später: „... habe ich eine so klare und schaffensfreudige Stimmung, wie ich sie bei 4 Jahren her nicht hatte" (1, XX – S. 188, 194).

In seinem Tagebuch „Mein Befinden" zeichnet Stifter zwar immer wieder Rückschläge auf, wie auch ein Brief an den Verleger vom 29. August meldete:

„... troz des Verbotes des Arztes schrieb ich oft, wenn mir auch bei Zittern der Nerven die Buchstaben auf dem Papiere zitterten, und so verschwammen, daß ich wieder auf Stunden aussezen mußte." Mit seiner Krankheit war eine „so tiefe körperliche Schwermuth verbunden", daß er oft in ein Schluchzen geriet, dessen er „nicht Herr werden konnte". Dennoch habe sich seine „geistige Spannkraft gehoben". Im Mai versuchte es der sich langsam erholende Dichter mit der Arbeitstherapie in einem gemieteten Garten (I, XX – S. 213 ff.). Auch aus den Lackenhäusern, wo Stifter vom 21. Juli bis Anfang Oktober weilte, bekundete er am 11. August dem Arzt Dr. Karl Essenwein seine „sehr sichtliche Besserung der Gesundheit" (I, XX – S. 208 ff.).

Diese autoptischen Befunde erhärten die Meinung, ohne einer kritischen Bewertung in der Unterschiedlichkeit der beiden letzten *Mappen* vorzugreifen, daß der Dichter bei der Gestaltung der F3 trotz der häufigen Rückfälle an Tagen, an denen er aber keine Zeile geschrieben hat, sein Werk in einer zuversichtlichen und lebensfreudigen Verfassung schaffen konnte. Der dem Amtseid in den Urlaub entkommene Schulrat, der vom Zwang der künstlerischen Produktion befreite Dichter, der sich körperlich und seelisch erholende Mensch Stifter, der sich über seine steigende Vitalität freute, verhieß mit seiner neuen Dichtung ein Werk, dessen Autor sich noch vieles vom Gemüt und dem Gerührtsein der Jugendjahre bewahrt hat, so daß dieses Fragment zugleich schon den hohen sittlichen Gehalt der Letzten *Mappe* erhielt. Dies zu beweisen, könnte ein Anliegen der weiteren Forschung sein.

Das Verhältnis von F3 und F4 in der Kapitelfolge zeigt die folgende Übersicht (S. 40), in die die F1 und F2 einbezogen sind. Eine Gegenüberstellung der Umformungen, Streichungen und Umstellungen von der F3 und F4, die ihren Grund im angestrebten veränderten Kunstwillen des Dichters hatten, versuchte an Beispielen bereits Franz Hüller kurz zu interpretieren (I, XII – S. 380 ff.). Diese Vergleiche wären tiefgründiger auch zwischen der F2 und F3 zu ziehen. Doch ist auch für Hüller die rein äußere Unterschiedlichkeit der beiden letzten Fassungen weniger von Belang als die 1867 neugestaltete innere Natur der Dichtung, sei es in der Form oder im Stil. Wichtig sind die Metamorphosen, die den seelischen Bereich der *Mappe*-Gestalten betreffen. Diese die innere Substanz anlangenden Vergleiche, die den von der Forschung angenommenen Weg des Dichters von empfindsamen Stimmungswerten zur episch erhabenen Strenge verfolgen, können in der erforderlichen Allseitigkeit nur in monographischen Arbeiten erstellt werden. Die wesentlichsten inhaltlichen Veränderungen im Vergleich der F3 und F4 bringt ein weiterer schematischer Überblick (S. 41 ff.).

Kapitelübersicht der vier *Mappe*-Fassungen

Kap. F1 (Wiener Zeitschrift)	Ds.	Kap. F2 (Stifters Sämtliche Werke, II)	Ds.	Kap. F3	Mss.	Kap. F4 (Stifters Sämtliche Werke, XII)	Ds.
				1. Band		1. Band	
1. Die Antiken	3	1. Die Alterthümer	21	1. Die Alterthümer Mss. 1–16	16	1. Die Alterthümer	26
2. Der sanftmüthige Obrist	27	2. Das Gelöbniß	2	2. Das Gelöbniß Mss. 17/18 (fehlt)	2	2. Das Gelöbniß	2
3. Die Geschichte der zween Bettler	30	3. Der sanftmüthige Obrist	33	3. Die Geschichte der zwei Bettler Mss. 19–34	16	3. Von den zwei Bettlern	30
4. Das Scheibenschießen in Pirling	34	4. Margarita	130	4. Thal ob Pirling Mss. 35–62	28	4. Thal ob Pirling	66
		5. Thal ob Pirling	10	5. Margarita Mss. 63–88	26	5. Margarita	69
		6. Das Scheibenschießen in Pirling	33	6. Vom sanftmüthigen Obrist Mss. 89–102	14	6. Der sanftmüthige Obrist	33
		7. Nachwort	4	7. Von unserem Hause Mss. 103–112	10	7. Von unserem Hause	21
				2. Band		2. Band	
				1. Von meinem Hause Mss. 113–158	46	1. Von meinem Hause	85
				2. Das Scheibenschießen in Pirling Mss. 159–164	6		

Die Kapitelüberschriften besagen über den eigentlichen Inhalt des *Mappe*-Geschehens nicht viel. Eine Synopsis des gemeinsamen Handschriftenteils die wesentlichsten Auslassungen, Neugestaltungen und Abweichungen in der Darstellung betreffend, verdeutlicht stichwortartig die Unterschiedlichkeiten der beiden Redaktionen der F3 und F4 (Mss. 1–62).

Die Altertümer

F3	F4
Mss. 1–2: Beschreibung der heimatlichen Landschaft und des Vaterhauses.	Nicht aufgenommen.
Mss. 4: Der Urgroßvater Augustinus, „ein weltberühmter Heilkünstler", sein Charakter, „ein eulenspiegliger Herr, in manchen Dingen ein Kezer". Die Erinnerung an den Doctor im Tale verliert sich allmählich wie „im warmen Strome". Sein Andenken in der Familie lebt aber fort.	Knapper gefaßt.
Mss. 5: Erinnerung an den traulich-gespenstischen Zauber der Abende im Doctor-Zimmer und die Geschichten der Großmutter Ursula von früheren Zeiten, wo die Alten „auch keine Thoren waren ..., die Jugend will alles besser wissen".	Im Auszug, ohne gefühlsbetonte Stellen.
Mss. 6: Empfindsame Rückerinnerung an die Zeit in der „lateinischen Schule". Gedanken über den „Plunder", den die Vorfahren mit den alten Dingen hinterlassen haben, Zeugen einer langen Kette, ein „Strom von Liebe durch tausend ... Jahre durch unzählbare Mutterherzen ... bis zu mir herab ..."	Die ganze Passage gestrichen.
Mss. 7–8: Herzliche Aufnahme der Schwiegertochter. Nostalgische Gedanken über die Veränderungen im Elternhaus. Fund des „Doctorbuches".	Alle rührseligen Stellen gestrichen. Kürzungen. Neuer Text auf Beilage 8.
Mss. 10: „Tiefe Rührung" beim Lesen der Gedichte des Vaters.	Gestrichen.
Mss. 13–14: Über die Kinder der Schwester. Bewegender Abschied von der Mutter.	Gestrichen oder gemildert.

Das Gelöbniß

F3
Mss. 17–18 fehlt.

F4
Nur in dieser Fassung.

Die Geschichte der zwei Bettler

F3
Mss. 19: Einleitung.

F4
Fehlt. Neuer gekürzter Text auf Beilage 19.

Mss. 20–22:

Spottnamen und Flüche im Ausdruck gemildert. Neuer Text auf Beilage 21.

Mss. 23: Leidenschaftliche Worte über die „Schlukerei" der „Unterrichtsbettler".

Gestrichen.

Mss. 25: Eustachius berichtet von der Veröffentlichung seiner „Hirngespinnste". Augustinus mahnt seinen Freund mannhafter aufzutreten.

Gestrichen. Neuer Text auf Beilage 25.

Mss. 26: Augustinus stellt den Wert der Dichtungen seines Freundes über das „Lumpenpak" der Stadt.

Gestrichen.

Mss. 27: Augustinus glaubt an eine frohe Zukunft und will als Arzt in seiner Heimat uneigennützig wirken. Wegen des Eustachius Weltfremdheit ist er besorgt und schlägt sich mit den Spöttern.

Gestrichen.

Mss. 28–29: Augustinus erfährt von der Cäcilia über die Amtshandlung der Pfändungsbeamten bei Eustachius und gerät in wilde Aufregung. Bewegtes Abschiedsschreiben des Flüchtigen an den Freund.

Die zornigen Gefühlsausbrüche sind stark abgeschwächt. Nüchterne Mitteilung des Eustachius über die Gründe seiner Flucht.

Mss. 30: Augustinus macht im Geiste dem Freunde Vorwürfe wegen seiner törichten Flucht.

Weggelassen.

Mss. 31: Christinens Briefe an Eustachius.

Verhaltener im Ausdruck. Heftige Reaktionen des ahnungslosen Augustinus gemäßigter.

Mss. 33–34: Augustinus besucht den St. Veitsdom, um Christine zu sehen.	Neuer Text auf Beilage 33. Statt Veitsdom Theinkirche.

Thal ob Pirling

F3	F4
Mss. 35–36: Einleitung über den Zweck des „rothen Buches".	Nicht aufgenommen. Neuer Text auf Beilage 36.
Mss. 38: Augustinus läßt sich Kleider machen auf Rechnung künftiger Einnahmen als Arzt.	Gestrichen.
Mss. 41: Der Vater leiht Augustinus Geld für die Bezahlung seiner Kleider. Kein Kranker verlangt nach dem neuen Arzt, dessen Heilkräuter langsam zu Staub werden. Augustinus kommen Zweifel über die Wahl seines Berufes. Er malt in seiner Freizeit.	Gestrichen.
Mss. 43: Ausführliche Beschreibung der Ankunft des Bettlers Tobias.	Neuer Text auf Beilage 43. Einfachere Darstellung.
Mss. 46: Augustinus bestellt Winterkleider, die er gleich bezahlen kann.	Gestrichen.
Mss. 47: Augustinus flucht bei der Erinnerung an die „törichteste und heilloseste Geschichte" um Eustachius.	Gestrichen.
Mss. 49–50: Unterredung mit Cäcilia, die bezüglich der Suche nach Eustachius verschrobene Ansichten hat.	Cäcilia verhält sich vernünftiger. Neuer Text Mss. 49–50.
Mss. 51–54: Augustinus besucht den Bürgermeister und seine Familie und schildert die Naturschönheiten seiner Heimat und die Sitten ihrer Bewohner.	Augustinus ist im gesellschaftlichen Verkehr gemäßigter und ausgeglichener.
Anfang des Gespräches mit Christine Waldon über Eustachius.	Neuer Text auf Mss. 51–54.
Mss. 56: Gespräch mit Christine.	Neuer Text auf Beilage 56.
Mss. 61–62: Umbau des Hauses und Ankauf des Fuchses.	Neuer Text auf Mss. 61–62.

Ein Vergleich der Veränderungen beider selbständigen Teile der F3 und F4 (Mss. 63–164) zeigt eine zunehmende Trennung im Inhaltlichen, namentlich im Anlauf zum geplanten Ausgang des Romans, der in der F4, dem Isabella-Abschnitt, weiter gediehen ist, in beiden Fragmenten aber der Verbindung mit Margarita (F3) und der Eustachius-Auflösung (F4) nach und nach zustrebt. Dagegen ist die F3 um ein Stück des 2. Kapitels des 2. Bandes (Das Scheibenschießen in Pirling) reicher, vermehrt auch durch die großartige Schilderung des Eisbruches (Mss. 146–157), die in der F4 fehlt.

Einige Beispiele mögen veranschaulichen, wie der Dichter in den beiden letzten Fassungen seine künstlerischen Ansprüche und sittlichen Anschauungen neu überdachte.

Charakteristisch dafür ist der Vorgang, in dem sich Augustinus nach der schmerzlichen Unterredung mit Margarita wegen ihrer vermeintlichen Untreue seiner Verzweiflung hingibt. Deckt sich in den ersten Fassungen die Autoaggression des niedergeschlagenen, abgewiesenen Liebenden mit dem ungestümen Wesen des einstigen Studiosus, ist in der F3 der spontane Selbstmordgedanke bereits in ein ins Innere gekehrtes, wenn auch „unbändiges" Gefühl zurückgefallen, in eine bedächtigere Reflexion, die nur noch die Art und Weise des Vorhabens erwägt: „Ich wußte nicht, sollte ich mich erwürgen, oder mit einem Stein um den Hals in den Aflacher Teich stürzen, weil ich ohne Stein doch wieder heraus schwämme, oder sollte ich alle Kranken verwünschen, und in die weite Welt gehen." Und einige Sätze weiter: „Auf der Steinwand glänzten fürchterliche Dinge und Flimmer in der Sonne, und eine Ammer sang mit der dünnen Stimme sehr widerwärtig neben mir" (Mss. 87). In der F4 vertritt diesen Wortreichtum das bloße Naturbild, dessen Symbolik der seelischen Verfassung des niedergeschlagenen Doctors adäquat ist. Bezeichnend für die stilistische Glättung ist der Wechsel in der sublimierten Wortwahl. Die Ammer singt in der F3 „sehr widerwärtig", in F4 nur „schrekhaft".

Die psychologische Einführung des Dichters in das Wesen seiner Gestalten äußert sich auch in den Nebenfiguren, wie etwa der Anna, der Schwester des Augustinus, und ihres Verlobten Innozenz. Innozenz wirbt um Anna, wird aber bei der Brautwerbung im Kreise der Angehörigen von dieser auf später vertröstet. Wird das Innenleben in der F3 bündiger dargestellt als in den ersten Fassungen, ist der Dichter in der F4 in der Schilderung der Gefühlsregungen wieder offenherziger. Im Gespräch versichert Augustinus Anna, daß sie auf seinen Ernst, seine Standhaftigkeit und Pflichterfüllung bauen soll. „So wird es bald gut werden" (F4; 1, XII – S. 264). In der F3 gibt sich Augustinus über die eigentliche Ursache ihrer Entsagung erst nach dem Tode der Schwester Rechenschaft: „… Anna war nicht davon fort gegangen, und hatte mir eher ein Opfer gebracht, als sie dachte, daß ich in demselben nicht ganz glüklich sei, und sie mich jezt nicht verlassen dürfe" (Mss. 132). Erst in dem Abschnitt über die Zeit nach der verheerenden Seuche läßt er in der F3 in der zufälligen Begegnung des Innozenz mit Augustinus dessen Mitverantwortung an dem Tode der Anna anklingen, die als Gattin des Präghofbauers und Müllers möglicherweise überlebt hätte: Innozenz bringt „keinen Trost zwischen den Lippen hervor" (Mss. 130). Als Innozenz in der F4 den ebenfalls vom Schicksal geschlagenen Augustinus besucht, herrscht eine versöhnlichere Stimmung: „Wir reichten uns die Hände, drükten sie, und er ging wieder fort" (F4; I, XII – S. 287).

Beim Textvergleich der Fassungen ist interessant zu verfolgen, wie Stifter im Bereich des Elternhauses des Augustinus die hierarchische Rangordnung wechselt. Ist in der Studien-*Mappe* das Vaterhaus nur eine „graue Hütte", ihr Eigentümer nur ein „Kleinhäusler", der seinem studierten Sohn bei dessen Rückkehr mit schuldigem Respekt begegnet, verändert der Dichter im späteren Fortgang der Fassungen allmählich den Familienstatus in einen steigenden Wohlstand und steigert damit auch das Prestige des Hausherrn. In der ersten Vorfassung der F3 (Mss. 36a – s. Anlage) heißt es: „Als ich zu Hause angekommen war, grüßte mich mein Vater, es grüßte mich mein Bruder Kaspar und es grüßte mich Anna die Schwester. Ich grüßte alle recht herzlich wieder." Von der Einrichtung des Hauses wie auch von dem Abendessen, das man zur Ehre des Doctors bereitet hat, wird nicht viel Aufhebens gemacht. In der zweiten Vorfassung der F3 (Mss. 36b – s. Anlage) ist es dagegen Augustinus selber, der als Ankommender die Hausgenossen zuerst grüßt. Der Vater ist nicht mehr als ein gealteter, etwas verwahrloster, verlegen-linkischer Mann mit „sehr grobem Roke" gezeichnet. Die Beschreibung der gediegenen Einrichtung der Stuben, des gepflegten Haushalts und des fast üppigen Festmahls zeugen vom Bestreben, die Geschichte aus der ärmlichen Sphäre auf eine höhere soziale Stufe zu heben. Mit dieser Rangerhöhung fühlt sich der angehende Arzt, der sich als Prager Student noch als „Bettler" gegen die Gesellschaft aufgelehnt hat, nun in seiner Selbstgeltung bestätigt. Legt er sich in der ersten Vorfassung „in das Bett mit der schweren Hülle", in der zweiten Vorfassung ins „weiße Bett", tut er dies in der F3 als „Mann eines Berufes".

Unklar scheint, warum Stifter die Schilderung der Naturkatastrophe, des Eisbruches, die zu den schönsten Beschreibungen dieser Art in der Weltliteratur gehört (Mss. 145–157) in die Letzte Fassung nicht aufgenommen hat. Zum Wandel der letzten Kunstprinzipien des Dichters gehörte nicht nur die Verwerfung alles Beschaulichen, die Entsubjektivierung jedes Gefühlsgehalts, sondern auch die Abneigung gegen jede seelische Erschütterung und ungezügelte Leidenschaft. Die Dramatik des persönlichen Erlebnisses des Doctors inmitten des hemmungslosen Geschehens im winterlichen Walde mag dem Streben nach dem hohen Stil entgegengestanden haben.

Faksimile und Transkription

Die Geschichte des Schicksals der Dritten *Mappe*-Dichtung wurde bereits dargelegt. Der Hauptgrund dafür, daß dieser Text bis heute unveröffentlicht blieb, bestand in den Schwierigkeiten der Entzifferung der ersten 4 Kapitel, in denen die F3 und F4, wie schon ausgeführt, miteinander auf eine verwikkelte Weise verknüpft sind. An dieser Verflochtenheit beider Fassungen sind manche in der Vergangenheit angestellte Versuche stets gescheitert.

Beide Handschriften stellten die Bearbeiter in der Entschlüsselung der authentischen Texte vor die Aufgabe, die Fassungen voneinander zu lösen. Es waren die Mss. 1–62, in denen sich die ältere Fassung im Stil und Stimmungsgehalt von der neueren durch den veränderten Kunstwillen des Dichters unterschied. Die durch Streichungen, Verbesserungen und Umformungen entstandene neue F4-Niederschrift erscheint dem Betrachter durch das ineinander verschlungene Textgewebe als fast untrennbar. In der Tat ist es nicht leicht, aus dieser Verworrenheit den schöpferischen Vorgang, das zeitliche Nacheinander der Fassungen herzustellen und die Dichtung des Jahres 1864 herauszulösen. Ist nun in der vorliegenden Ausgabe der Text der F3 mit der möglichsten Sorgfalt erschlossen worden, mußte in besonderen Einzelfällen dennoch die ermittelte Lesung ungewiß bleiben. Für die Kritik sind die strittig gebliebenen Befunde im Faksimile nachprüfbar.

Hierher gehört die im weiteren behandelte Problematik von Stifters Rechtschreibung und Satzzeichensetzung. Besonders anfechtbar ist aber Stifters inkonsequent praktizierte getrennte Schreibung der Verbalzusammensetzungen und der adverbialen Wortbildungen. Beispiele dieser Art folgen. Trotz mancher dieser Klippen war aber die Analyse der Handschriften auf das Ziel gerichtet, im Text- und Apparatteil aus der verquickten Handschriftenlage die Dritte Fassung originalgetreu herzustellen.

Im Faksimile sind in der vorliegenden Ausgabe von den 164 Seiten der F3 nur der gemeinsame Teil der Fassungen F3 und F4, das sind die Mss. 1–62 und die darin enthaltene Niederschrift der F4 – das sind die acht von Stifter als Beilagen bezeichneten Blätter (Mss. 8, 19, 21, 25, 33, 36, 43, 56 mit zum Teil vakaten Rückseiten) – sowie die vier Blätter der reinen Niederschrift der F4 (Mss. 49–54 und 61–62) wiedergegeben.

Zusätzlich zu den faksimilierten Seiten wurden die Mss. 63–164 der selbständigen F3 transkribiert.

Die Ordnung des Faksimiles und der Transkription folgt zeilen- und seitengetreu dem Originalmanuskript.

Die von Stifter in den Text korrigierten Passagen erscheinen in der Transkription als Anmerkungen und – dem Originalmanuskript entsprechend – als Marginalien ohne Bezug auf die Reihenfolge eventueller Entstehungsstufen. Die in den Anmerkungen wiedergegebenen Korrekturen sind durch Ziffern gekennzeichnet, die Marginalien durch Kleinbuchstaben. Kursiv sind alle Zusätze von Bearbeiter und Verlag.

Bei den Vorfassungen und Bruchstücken wurde von einer Faksimilierung angesichts der klaren Niederschrift mit nur wenigen Korrekturen abgesehen, sie sind in der Anlage in extenso abgedruckt.

Über Stifters Rechtschreibung, die dem Zustand der Schreibweise in der ersten Hälfte des 19. Jahrhunderts entspricht, haben in ihren Ausgaben der F4 Franz Hüller und Max Stefl ausführlich geschrieben. Sie betonen, daß dem Dichter der lebendige Fluß der Sprache wichtiger war als jede Orthographie. Sie erklären die Eigenheiten (u. a. in der Satzzeichensetzung) aus Stifters ausgeprägtem Sprachgefühl, das auf den Sinn, den Rhythmus der Erzählweise, die Satzmelodie, auf einen abgewogenen Tonfall, auf die Abhebung durch eine Sprachpause bedacht war. Nicht zuletzt weisen sie auch auf das österreichisch-süddeutsche Element hin, auf den Einfluß der Mundart, wie sie der Dichter selbst in der Umgangssprache gesprochen hat.

Im Zusammenhang mit dieser Ausgabe, die in Verbindung mit dem Faksimile eine getreue Wiedergabe des Textes mit allen Eigenheiten der Orthographie und Interpunktion anstrebt, ist noch eine weitere Besonderheit der Stifterschen Schreibweise zu beachten. Es ist die für ihn, wie schon erwähnt, charakteristische getrennte Schreibung, namentlich der zahlreichen verbalen Zusammensetzungen, sowie in Fällen adverbialer Ausdrücke und Verbindungen. Beispiele: „nieder sezen" (Mss. 29), „fort zu helfen" (114), „zusammen gespart" (30), „verloren gegangener Freund" (33), „am nächst nächsten Tag" (128), „weiß getünchte Wand" (145), „so weit" (71). Allerdings gibt es bei diesem Gebrauch keine folgerichtige Einhaltung der Regel. Beispiele: „ehe ich fort ging" (50), aber auch „schnell fortgehen" (51); „unruhebringende Geschichte" (56), „in dem emporsteigenden Schutte" (122); „zu weilen" (19), aber auch „zuweilen" (113, 139); „bei einander" (61, 137), aber auch „auseinander" (54).

Die Frage, ob Stifter die bei anderen Schriftstellern der Zeit bereits in erstarrte Zusammensetzungen gekommene Bildungen in ihrer ursprünglichen, kräftigeren Gestalt erhalten wollte oder ob das für seine epische Sprache bezeichnende Stilmittel der Verzögerung, Beruhigung oder Mäßigung ausschlaggebend war, ist nicht zu entscheiden. Seine eigenwillige, inkonsequente Handhabung der Trennung von Wortbildungen schaffte aber bei der Transkription, der genauen Deutung des Textes an einigen Stellen Unklarheiten.

Besonders bei der manchmal flüchtigen Schreibweise Stifters war es nicht immer möglich, eine getrennte oder verbundene Schreibung sicher auszumachen. Die solcherart fraglichen Lesungen der handschriftlichen Vorlage sind so variabel, daß in diesen Fällen auf eine besondere Interpretation verzichtet wurde.

Anhang

Bibliographische Hinweise

Die nachstehende Übersicht bezieht sich auf Stifters *Mappe*-Dichtung. Neben den wichtigsten Textausgaben, wissenschaftlichen Hilfsmitteln und periodischen Schriften, der Literatur zur Wirkungsgeschichte und den Übersetzungen sind es Untersuchungen und Darstellungen, die sich mit Arbeiten über die Fassungen F1, F2 und F4 befassen, besonders in komparativer Hinsicht.

Editionen

(1) *Adalbert Stifters Sämtliche Werke.* Hrsg. v. August Sauer, Franz Hüller, Gustav Wilhelm u. a. Prag 1901 ff., Reichenberg 1927 ff., Graz 1958 ff., Bd. 1–40. In: Bibliothek Deutscher Schriftsteller aus Böhmen (ab 1930 aus Böhmen, Mähren und Schlesien).

(2) Adalbert Stifter. *Die Mappe meines Urgroßvaters.* In: Wiener Zeitschrift für Kunst, Literatur, Theater und Mode. Hrsg. v. Friedrich Witthauer. Wien 1841 (Nr. 88–93, 151–156), 1842 (Nr. 43–50).

(3) Adalbert Stifter. *Die Antiken.* In: Pesther Zeitung. Pesth 1845. Nr. 1, 3–5. (1. Kap. der Mappe F1 und F2).

(4) Adalbert Stifter. *Brigitta. Die Mappe meines Urgroßvaters.* Hrsg. von Max Stefl. München 1923. (F1).

(5) Adalbert Stifter. *Die Mappe meines Urgroßvaters.* Erzählung in der Urfassung. Hrsg. von Max Stefl. Augsburg 1967 (3., neu durchgesehene Auflage). In: Drei-Königs-Bücherei Nr. 3.

(6) Adalbert Stifter. *Die Mappe meines Urgroßvaters.* In: Studien. Pest-Leipzig 1847, Bd. 3. (F2).

(7) Adalbert Stifter. *Die Mappe meines Urgroßvaters.* Wien 1899. In: Allgemeine Nationalbibliothek. N. F. der deutsch-österreichischen Nationalbibliothek Nr. 213–217. (F2).

(8) Adalbert Stifter. *Die Mappe meines Urgroßvaters.* Hrsg. von Franz Hüller u. a. Prag 1908. In: (1), Bd. II (Studien, 2. Bd.), S. 127 ff. (F2).

(9) Adalbert Stifter. *Aus der Mappe meines Urgroßvaters.* Die Studien- und die Spätfassung in einem Bande. Wuppertal 1948.

(10) Adalbert Stifter. *Die Mappe meines Urgroßvaters. Studien.* Bd. 1/2, 5/2 (Journalfassung – Buchfassungen). Hrsg. von Helmut Bergner und Ulrich Dittmann. In: Adalbert Stifter. Werke und Briefe. Historisch-kritische Gesamtausgabe. Hrsg. von Alfred Doppler und Wolfgang Frühwald. Stuttgart 1978.

(11) ADALBERT STIFTER. *Die Mappe meines Urgroßvaters*. Hrsg. von Franz Hüller. Reichenberg 1939. In: (1), Bd. XII. (F4).
(12) ADALBERT STIFTER. *Die Mappe meines Urgroßvaters*. Letzte Fassung. Hrsg. und mit Nachwort versehen von Franz Hüller. Freiburg i. Br. – München 1949. In: Schriftenreihe der Adalbert-Stifter-Gesellschaft München, Bd. 1.
(13) ADALBERT STIFTER. *Die Mappe meines Urgroßvaters*. Letzte Fassung. Neu hrsg. nach der Originalhandschrift von Franz Hüller. Nürnberg (1956).
(14) ADALBERT STIFTER. *Die Mappe meines Urgroßvaters*. Letzte Fassung. Hrsg. von Max Stefl. Augsburg (1957) und Basel 1957 (2 Bände).
(15) ADALBERT STIFTER. *Die Mappe meines Urgroßvaters*. Schilderungen. Briefe. Darmstadt (1976).
(16) ADALBERT STIFTER. *Die Mappe meines Urgroßvaters*. Berlin-Weimar 1978.

Bibliographien und Periodika

(17) EISENMEIER, EDUARD: *Adalbert-Stifter-Bibliographie*. Linz 1964ff. In: Schriftenreihe des Adalbert-Stifter-Instituts des Landes Oberösterreich, F. 21, 26, 31, 34.
(18) LUNDING, ERIK: *Probleme und Ergebnisse der Stifter-Forschung 1945 bis 1954*. In: Euphorion, 40 (1955), S. 203ff.
(19) *Die Sammlungen des Prager Stifter-Archivs*. Hrsg. von Alois Hofman. In: (21), 11 (1962), F. 3–4.
(20) *Schriftenreihe des Adalbert-Stifter-Instituts des Landes Oberösterreich*. Hrsg. von Aldemar Schiffkorn, später: Herlinde Rigby. Linz 1952ff.
(21) *Vierteljahresschrift des Adalbert-Stifter-Instituts des Landes Oberösterreich*. Hrsg. von Aldemar Schiffkorn – Alois Großschopf (später: Johann Lachinger), Linz 1952ff.

Wirkungsgeschichte

(22) ADALBERT STIFTER. *Ein Gedenkbuch*. Mit Geleitwort von Hugo v. Hofmannsthal. Wien 1928 (hier auch: Richard von Schaukal. Gedanken über den „Nachsommer").
(23) BAHR, HERMANN: *Adalbert Stifter*. Eine Entdeckung. Zürich-Leipzig-Wien 1919.
(24) ENZINGER, MORIZ: *Adalbert Stifter im Urteil seiner Zeit*. Wien-Graz-Köln 1968.
(25) GUMP, MARGARET: *Hesse über Stifter*. In: (21), 26 (1977), F. 1–2, S. 13ff.

(26) GUNDOLF, FRIEDRICH: *Adalbert Stifter*. Burg Giebichstein – Werkstätten der Stadt Halle 1931.
(27) HASLINGER, FRANZ: *Rosegger und Stifter*. Graz 1950.
(28) HEIN, ALOIS RAIMUND: *Adalbert Stifter*. Wien 1952. Bd. 1–2.
(29) HESSE, HERMANN: *Gesammelte Briefe*. Frankfurt a. Main 1973. Bd. 1, 1895–1921.
(30) HOFMANNSTHAL, HUGO VON: *Gesammelte Werke*. Hrsg. von Herbert Steiner. Frankfurt a. Main 1955. (Bd. 4, S. 207 ff. über Stifters „Nachsommer", 1928).
(31) NIETZSCHE, FRIEDRICH: *Werke*. Leipzig 1919. Bd. 3: *Menschliches – Allzumenschliches* I., II., S. 257.
(32) STOESSL, OTTO: *Adalbert Stifter*. Eine Biographie. In: Adalbert Stifter. Werke. Berlin 1899, Bd. 1, S. VII ff.
(33) WEISS, ERNST: *Das Unverlierbare*. Essays. Berlin 1928 (über A. Stifter S. 143 ff.).

Übersetzungen der *Mappe*-Dichtung

(34) *Bahut de mon arrière-grand-père*. Übersetzt von Max Mell. Wien 1917. In: Revue d'Autriche, 1917.
(35) Japanische Übersetzung. Übersetzt von Yasushi Taniguchi. Tokyo 1980.
(36) *My Great-Grandfater a Note Book*. Anonym. London 1851.
(37) *Uit de papieren van mijn overgrootvader*. Übersetzt von Jan Goeverneur. Brüssel (nach 1918).
(38) *Z kroniky mého pradědečka*. Übersetzt von Ladislav Heger. Prag 1959.

Untersuchungen, Darstellungen, Forschungsberichte

(39) AMONO YOSHITO: Japanischer Forschungsbericht: *Über die Fassungen der „Mappe meines Urgroßvaters"*. In: Kulturwissenschaftliche Studien der Universität Shizuoka 1966, Nr. 17, S. 141 ff.
(40) ASPETSBERGER, FRIEDBERT: *Die Aufschreibung des Lebens. Zu Stifters „Mappe"*. In: (21), 27 (1978). F. 1–2, S. 11 ff.
(41) BLUMENTHAL, MARIE LUISE: *Studien zur Gestalt des Arztes in der Dichtung*. In: Sammlung. Zeitschrift für Kultur und Erziehung. Göttingen, 10 (1955), H. 6, S. 301 ff. (Darin über Stifters „Mappe", S. 305 ff.).
(42) BÖCKMANN, PAUL: *Die epische Objektivität in Stifters Erzählung „Die Mappe meines Urgroßvaters"*. In: Stoffe, Formen, Strukturen. Studien zur deutschen Literatur. Hrsg. von Albert Fuchs und Helmut Motekat. München 1962, S. 398 ff.

(43) BORSANO, ANNAMARIA: *Adalbert Stifter e le tre redazioni della „Mappe meines Urgroßvaters".* In: Annali della Facolta di Lettere e Filosofia dell' Universita degli Studi di Milano, Bd. XIX, H. I–II, Mailand 1966, S. 63 ff.

(44) BRAUN, FELIX: *Gespräch über Stifters „Mappe meines Urgroßvaters".* In: Schriftenreihe des Adalbert-Stifter-Instituts, Linz, 11 (1958).

(45) DELIUS, LUDWIG: *Doktor Augustinus, eine dichterische Arzt-Gestalt bei Adalbert Stifter.* In: Rotarier, Hamburg 1952, 4 (1952), S. 104 ff.

(46) ENDERS, MARIE-CHRISTINE: *„Die Mappe meines Urgroßvaters". Das nachgelassene Fragment Adalbert Stifters als Sprachkunstwerk betrachtet.* Göttingen 1951. (Dissertation an der Phil. Fak. der Universität Göttingen, Maschinenschrift).

(47) ENDERS, MARIA CHRISTA: *„Zwei Seelen wohnen, ach! – – –". Ein Wort zur Geschichte von den zwei Bettlern.* In: (21), 6 (1957), S. 99 ff.

(48) ENZINGER, MORIZ: *Der Vorspruch zur „Mappe meines Urgroßvaters".* In: Enzinger, M.: Gesammelte Aufsätze zu Adalbert Stifter. Wien 1967, S. 379 ff.

(49) ESSL, RUPERT: *Aus der Geschichte des Schlosses Rotenhof.* In: Hoam!, 33 (1980), F. 9, S. 398 ff.

(50) ESTER, HANS: *De ethische vertelkunst van Ad. Stifter.* In: Maatstaf. Maandblad voor letteren, Den Haag, Nr. 10, Oktober 1979, S. 32 ff.

(51) FISCHER, KURT GERHARD: *Vom „einfachen Leben" bei Adalbert Stifter. Der Konflikt von Moral und Existenz in der „Mappe".* Wien 1965. In: Österreich in Geschichte und Literatur, 9 (1965), H. 2, S. 101 ff.

(52) GATTERMANN, SABINE: *Arztbild und Krankheitsverständnis in Adalbert Stifters Briefen und dem Werk „Die Mappe meines Urgroßvaters".* Heidelberg 1979. (Dissertation an der Universität Heidelberg).

(53) GRAY, JOSEF L.: *The Function of Nature in the Final Version of Stifter's Mappe meines Urgroßvaters.* Chicago 1959. Master of Arts. 1959. (Maschinenschrift).

(54) HEUSCHELE, OTTO: *Zum Wiederlesen empfohlen. A. Stifter: Die Mappe meines Urgroßvaters.* In: Neue literarische Welt, Heidelberg, 3 (1952), Nr. 11, S. 8.

(55) HÖMKE, HORST: *Adalbert Stifters Studienstücke „Die Mappe meines Urgroßvaters", „Abdias".* In: Anregung, München, 13 (1967), H. 1, S. 13 ff.

(56) HÖMKE, HORST: *Der Landschaftsgarten in den letzten Fassungen von Adalbert Stifters Roman „Die Mappe meines Urgroßvaters".* Frankfurt a. Main 1967. In: Pädagogische Provinz 22 (1967), H. 10, S. 536 ff.

(57) HOFACKER, IR. ERICH: *The Vocabulary of Love, Friendship and Esteem in Stifter's Mappe meines Urgroßvaters.* Chicago 1959. Master oft Arts 1959. (Maschinenschrift).

(58) HORCICKA, ADALBERT: *Adalbert Stifter als Landschaftsmaler.* In: Deutsche Arbeit, Prag, 1 (1902), S. 706 ff.

(59) HÜLLER, FRANZ: *Fragen um Adalbert Stifter.* In: Witiko, Prag, 1 (1928), S. 137 ff.

(60) JUNGMAIR, OTTO: *Adalbert Stifters Linzer Jahre. Ein Kalendarium.* Nürnberg 1958. In: Schriftenreihe des Adalbert-Stifter-Institutes, Nr. 7.

(61) KLOCKOW, JÖRN: *Der Sprachrhythmus und seine Entwicklung in den vier Fassungen von Stifters „Mappe meines Urgroßvaters".* In: (21), 22 (1973), S. 93 ff.

(62) KUNISCH, HERMANN: *Adalbert Stifter. Mensch und Wirklichkeit. Studium an seinem klassischen Stil.* Berlin 1950.

(63) LEBERL, LUCIA: *Vergleich der drei Fassungen von Adalbert Stifters Erzählung „Die Mappe meines Urgroßvaters".* Wien 1946. (Dissertation an der Phil. Fak. der Universität Wien 1947, Maschinenschrift).

(64) LOHSE, CLAUDIA (B.A. HONS): *Die Bedeutung des Raumes in Adalbert Stifters Roman „Die Mappe meines Urgroßvaters", letzte Fassung.* Johannesburg 1963. (Dissertation an der Universität Witwaterstand, Johannesburg–Südafrika).

(65) MAAS, WALTER: *Die Gestalt des Bettlers in deutschen Dichtungen des 19. und 20. Jahrhunderts.* Freiburg i. Br. 1971. (Dissertation an der Phil. Fak., u.a. zur Letzten Fassung der Mappe).

(66) MARKUS, JORDAN KAJETAN: *Der Steinbühel und das Scheibenschießen in Friedberg.* In: Krumauer Intelligenz-Blatt, Krumau 1 (1871), Nr. 48 f.

(67) MEISTER, HERMANN: *Die Narrenburg und die Mappe meines Urgroßvaters von Adalbert Stifter.* Berlin 1940. (Phil. Dissertation an der Universität Berlin 1940, Maschinenschrift).

(68) MOTOOKA, ITSUO: *(Stifters Schicksalsanschauung in der „Studien"-Zeit, vor allem in der „Mappe".* Japanisch). In: Forschungsberichte der deutschen Literatur Osaka-Kôbe 1959, H. 2, S. 120 ff.

(69) MÜLLER, JOACHIM: *Heilen und Wissen. Die Gestalt des Arztes und das Problem der Humanität in Adalbert Stifters „Letzter Mappe".* In: Sinn und Form. Beiträge zur Literatur, Berlin, 6, 1954, S. 867 ff.

(70) MÜLLER, JOACHIM: *Von Schiller bis Heine.* Halle (Saale) 1972. In: Gesammelte Schriften, Bd. 2, S. 263 ff. (Darin über die Motivstruktur in der Letzten Mappe).

(71) NAKANO, YASUHISA: *Japanischer Forschungsbericht über die „Mappe meines Urgroßvaters".* In: Bericht der Abteilung der Allgemeinen Bildung der Universität Yamaguchi 1961, Bd. 12, Nr. 2, S. 35 ff.

(72) O'NEILL, TERENCE GEORGE: *Das Todesmotiv in der Studienfassung von Adalbert Stifters „Die Mappe meines Urgroßvaters".* Melbourne 1971. (Magisterarbeit an der Universität Melbourne, Maschinenschrift).

(73) SAURWEIN, ROBERT: *Adalbert Stifters dichterische Entwicklung gezeigt an den drei Fassungen der „Mappe meines Urgroßvaters".* Innsbruck 1953. (Dissertation an der Phil. Fak. der Universität Innsbruck 1954, Maschinenschrift).

(74) SCHMIDT, ADALBERT: *Dichtung und Dichter Österreichs im 19. und 20. Jahrhundert.* Salzburg-Stuttgart 1964, Bd. 1, S. 120ff.

(75) SCHNEIDER, FRANZ: *Sehen und Sein bei Stifter. Der religiöse Realismus in der „Mappe meines Urgroßvaters".* In: (21), 4 (1955), S. 15ff.

(76) STEFFEN, KONRAD: *Dreimal Adalbert Stifter.* In: Schweizer Rundschau. Zürich 1952, H. 8, S. 465ff. (Über die 3 Fassungen der Mappe).

(77) STEFFEN, KONRAD: *Adalbert Stifter. Deutungen.* Basel 1955.

(78) STILLMARK, ALEXANDER: *Stifters letzte Mappe and the Idea of Wholeness.* In: Tradition and Creation. Essays in honour of E. M. Wilkinson. Ed. by C. P. Magill, 1978, S. 162ff.

(79) STOCKUM, TH. C. van: *„Die Mappe meines Urgroßvaters" und ihre Bedeutung im Zusammenhang von Stifters Werk und Weltanschauung.* In: Neophilologus, Den Haag 1946, S. 172ff.

(80) WILHELM, GUSTAV: *Stifter als Maler.* In: (1), XIV, S. LVff.

(81) YOSHIDA, MASAKATSU: *Japanischer Forschungsbericht über den Prozeß der Zurückhaltung und Formulierung in Stifters Dichtung, bes. in der „Mappe".* In: Gaikoku-bungaku-kenkyu of the Hiroshima University. Hiroshima 1965, Bd. XI, S. 81ff.

(82) ZENKER, EDITH: *Klassik und Romantik in Stifters drei Fassungen der „Mappe meines Urgroßvaters".* Leipzig (1947). (Dissertation an der Phil. Fak. der Universität Leipzig, Maschinenschrift).

Anlagen

Zu dem im Prager Stifter-Archiv befindlichen Manuskript der Mappe F3 gehören noch vier Bruchstücke, die, wie bereits erwähnt, Vorfassungen der F3 darstellen.

1. Mss. 1 der Mappe F3 (STAP, Sign. Nr. 216)
Die 1. volle Seite des 1. Blattes der F3 enthält den Anfang des 1. Kapitels „Die Alterthümer". Stifter benützte die Rückseite dieses verworfenen Blattes als Umschlag für die i. J. 1864 angelegte „Seiten- und Bogenrechnung" der F3. Der Text lautet:

<u>Mappe 1.</u>
<u>Die Mappe meines Urgroßvaters. Eine Erzählung von Adalbert Stifter.</u>
<u>1. Band.</u>
Dulce est, inter majorum versari habitacula, et veterum dicta factaque recensere memoria.
<u>Egesippus.</u>

1.[1]
Die Alterthümer.

Der lateinische Spruch des seligen nunmehr längst vergessenen Egesippus, den ich hier vorangestellt habe, war einmal in Verbindung mit einer Auszeichnung, die mir in der lateinischen Schule zu Theile geworden war, und schon aus diesem Grunde, da Ruhmeserwerbung in frühester Jugend, wenn auch noch so unbedeutend, nie vergessen wird, hätte ich mir den Spruch für alle meine Zukunft gemerkt; ~~allein~~[2] er fiel mir nachträglich auch immer wieder ein, wenn ich in den Räumen meines Vaterhauses herum ging. Dieses Haus steht mit unansehnlichen wenn auch weitläufigen Anbauten in den Gefilden jenes großen Waldes, der zum Theile zwischen Österreich und Böhmen zum Theile zwischen Baiern und Böhmen viele Meilen dahin geht, der einstens über alle Hügel zu seinen beiden Seiten verbreitet war, der aber jezt manche Buchten und Inseln vom Akerbau und Wiesenbau in seine Glieder hinein erdulden muß. In einer solchen Bucht steht von schönem Wetter angeglänzt das Haus meiner Voreltern. In ihm

---

1 *verschiedene Schriftproben:* Mappe eins – Die Mappe – Mappe – Den ich hier anführe – Der lat – Schuldinge – Der 1 – der – Der lateinische – Der – Rolle in – Der nur – meines   *aR* memoria – Dolce est, inter majorum – versammelten – der nur
2 *üdZ mB* aber   *aR mB* auch nach der Zeit sehr oft ein,

Anlagen 57

sind Dinge und Theile von Dingen vorhanden, die von unseren Vorfahren stammen, und stehen und liegen geblieben und mit anderen Sachen vermischt und verräumt worden sind. Wenn ich nun unter diesen Dingen herum ging und herum suchte, empfand ich wirklich die seltsamliche Freude und das Vergnügen, wovon Egesippus in seinem Spruche sagt. Das Vergnügen hatte ich nicht blos als Kind, es wuchs mit mir heran³, ich hatte es als Knabe, und hatte es später, und jezt noch habe ich gerne alte Sachen um mich, und liebe sie. Ja ich denke, da ich nun selber alt zu werden beginne, mit einer Gattung Vorfreude auf jene Zeit hinab, in der mein Enkel oder Urenkel oder ein Neffe oder Urneffe unter meinen Vorrichtungen herum gehen wird, die ich jezt für die Ewigkeit gründe, und die dann doch⁴, wenn sie an den Enkel oder Urenkel gelangen, erstorben und aus⁵

---

3 *aR mB* wuchs mit mir heran, verstärkte sich, und mag Ursache sein, daß
4 *mB gestrichen*
5 *aR mB* aber wie selten verlängert er es; denn die Jugend hat nichts Hastigeres

2. Mss. 1 der Mappe F3 (STAP, Sign. Nr. 216)

Das Bruchstück enthält nur den Titel und einen Teil des Mottos zum 1. Kapitel „Die Alterthümer". Das verworfene Blatt verwendete Stifter für die Anfangsseiten der erwähnten „Seiten- und Bogenrechnung". Der Text lautet:

Die Mappe meines Urgroßvaters. Eine Erzählung von Adalbert Stifter.
1. Band
Dolce est, inter majorum habitacula

3. Mss. 41 der Mappe F3 (STAP, Sign. Nr. 240)
Stifter verwendete das verworfene Blatt für das im J. 1864 angelegte Heft „Mein Befinden" mit Eintragungen über seinen gesundheitlichen Zustand. Der Text des Bruchstückes lautet:

Mappe 41.

auf einem Hügel, an einem Kreuzwege, Waldwirthe, oder solche, die nur zeitweise etwas ausschenken.

Und dann ist manches Haus oder Häuslein, in das ich ~~komme~~[1], wo sie Landwirthschaft treiben, oder ein paar Kühe haben, oder der Besizer ein Holzknecht ist, oder Schnellen Tröge und dergleichen aus Waldsteinen haut, oder feste Schuhe und Stiefel für Waldgänger, oder Rechen und Feuerschwamm macht, ~~und~~[2] Ähnliches

Mit manchen

---

1 *üdZ* kam
2 *udZ* oder

4. Mss. 85 der Mappe F3 (STAP, Sign. Nr. 240)
Der Text des Bruchstückes in dem oben erwähnten Heft "Mein Befinden" lautet:

<u>Mappe</u> 85.

runden Plaz, auf

Es folgen die in der Beschreibung der Handschriften erwähnten 7 Blätter der Vorfassungen zur F3. Es sind die Mss. 35–36 in zwei Versionen (a und b bezeichnet), 71–72, 89–90, 103–106, 139–140. Der Text lautet:

Mappe 35. *a*

4.
Thal ob Pirling.

Ich will alles in dieses rothe Buch einschreiben, wie es sich zugetragen hat bis auf die jezige Zeit, und wie das rothe Buch selber entstanden ist. Möge es Gott segnen, daß es alle die Wirkungen bringe, derentwillen es angelegt worden ist.[1]

Als ich den Korschiz beinahe umgebracht hatte, und als auf dem Plaze Lodron, der mir ein fast eben so guter Kamerade gewesen war wie Eustachius, und der nebst einem andern Manne Gablan bei dem Kampfe zugegen gewesen war, gesagt hatte, der Balg dieses alten Schülers würde wohl wieder zusammen geflikt werden, ging ich von der Stelle nicht mehr in meine Wohnung, sondern gleich in die Welt fort. Ich ging von Prag gegen Mitternacht, weil ich dachte, daß die Schergen mir etwa gegen Mittag als den Weg nach meiner Heimath nachspüren würden, was auch, wie mir später kund ward, geschehen ist. Ich hatte gar nichts, was mich belästigte, und was ich hätte tragen müssen, kein Fädchen Linnen, nichts von Kleidern, noch sonst etwas. Ich hatte mein alltägliches Gewand an, und hatte die Schulhaube auf dem Kopfe. Den Schläger hatte ich mit einem Riemen an meiner Seite befestigt, die fünf und sechzig Thaler, welche ich dem Korschiz entrissen hatte, nebst einigem mühsam erspartem[2] Gelde trug ich im Wamse. Es kam sogleich die Nacht, und weil ich schon als Knabe im Walde gewöhnt worden war, große Streken zurük zu legen, ging ich die ganze Nacht hindurch, und aß ein Stük Brod, das ich bei mir hatte. Des Morgens stärkte ich mich in einer Schenke. Dann ging ich wieder fort die ganzen Tage und manches Stük Nacht. Ich ging auf Fußwegen nach Schlan, von dort durch den Wald nach Mies, dann auf Fußwegen nach Taus und von da in den bairischen Ort Fürth. Dort war ich geborgen, und dort kaufte ich mir auch einiges Leinenzeug und anderen Bedarf. Von Fürth ging ich mittagwärts an dem großen Walde ~~dahin~~, der zwischen Böhmen und Baiern ist, bis zu dem Orte Freiung. Und von Freiung ging ich noch weiter mittagwärts bis, wo der Wald am ausgebreitetsten und unwirthbarsten ist, in den Ort, der den Namen

---

1 *aR mit Blaustift vfH: Verm. Sch.*
2 *H*

Klafferstraß führt. Dort miethete ich mich in einer hölzernen Schenke ein. Ich stieg nun alle Tage in den hohen Wald hinauf, der mich von meiner Heimath trennte, und untersuchte dessen Pflanzen und Kräuter, und strebte sie kennen zu lernen, besonders die außerordentlichen Moose, die dort sind. Oft kam ich in der Nacht nicht nach Hause, und blieb bei Holzschlägern oder auch unter einer Tanne, an der ich ein Feuer angezündet hatte. Die Pflanzen legte ich ordnungsgemäß zwischen Blätter in Päke ein.

Als mir nach fünf Wochen Lodron meldete, Korschiz sei wieder genesen, ging ich über den Wald in meine Heimath hinein. Die Pflanzenpäke trug ich mit einer Schnur über die Schulter.

36. a

Als ich zu Hause angekommen war, grüßte mich mein Vater, es grüßte mich mein Bruder Kaspar und es grüßte mich Anna die Schwester. Ich grüßte alle recht herzlich wieder. Der Vater sagte: „Wir haben dich schon lange erwartet, weil deine Truhe von Prag angekommen ist, und haben dir die Kammer zu deiner Wohnung hergerichtet."

„Es sind Dinge dazwischen gekommen," sagte ich, und ließ mich in die für mich hergerichtete Kammer führen.

Dort legte ich den Pflanzenpak auf den Boden, den Schläger aber legte ich auf die rauhe Dachshaut meines Koffers, der da stand, und sezte mich auf einen Lehnstuhl.

„Was hast du denn in dem Pake?" fragte mich der Vater.

„Kräuter," antwortete ich.

„Zum Heilen," sagte er.

„Zum Heilen und zum Wissen," /antwortete/[1] ich.

„So, so," sagte er.

Und da ich nach einer Weile den Koffer aufgesperrt, und dasjenige, was dem flüchtigen Eustachius gehörte, in eine Lade des einzigen Schreines, der da stand, gethan hatte, blieb so wenig als mein Eigenthum in dem Koffer zurük, daß ich es recht leicht in ein Tüchlein hätte binden, und den Bündel mit meinem Schläger über der Achsel hätte forttragen können. Ich räumte es nun auch in eine Lade, den leeren Koffer rükte ich in einen Winkel. Die Meinigen waren dabei gestanden, und hatten mir zugeschaut.

Nun, da ich geordnet war, hatte ich Zeit, alles zu betrachten. Meine Angehörigen hatten sich in den lezten Jahren, die ich in Prag fröhlich war, geändert. Der Vater hatte mehrere Falten im Angesichte bekommen, die schlichten weißen Haare hingen ihm an den Schläfen nieder, und aus dem Kinne stachen die weißen Stifte des Bartes hervor, und die Hände, die er in einander gelegt hatte, waren noch knochiger und schärfer geworden. Die Schwester obwohl jünger als ich hatte doch die rosige Jugendfrische nicht mehr, und Kaspar war aus einem dünnen Jünglinge ein starker Mann geworden. Ich stand von meinem Size auf, trat zu dem Vater, welcher stand, und sagte: „Geliebt es Gott, lieber Vater, so bleibe ich jezt da, und gehe nicht mehr fort. Ich werde zu heilen suchen, wer meiner bedarf, und wer mich ruft, und wir werden alle gut mit einander leben."

Nach diesen Worten legte ich meinen Arm um seinen sehr groben Rok, und küßte ihn auf den Mund, daß mich seine weißen Bartspizen stachen.

---

1 *statt* antworte

Er war der langen vorhergegangenen Trennung wegen noch unbeholfen, und sagte nichts; aber die Thränen floßen ihm die Wangen herab. Ich mußte durch das Fenster schauen, um die meinigen zu verbergen.

Zur Schwester sagte ich: „Anna, du wirst mir hie und da helfen, so lange du uns nicht verlässest, und ich werde mich dir schon dankbar bezeigen."/

„Ich thue es sehr gerne umsonst," sagte Anna.

„Und du, Kaspar," sagte ich, „wir werden schon brüderlich ausreichen."

„Ich hoffe es, ich hoffe es," sagte Kaspar.

Und so war der Eintrit ins väterliche Haus vorüber.

Da es Abend geworden war, wurde ein Hahn, den die Schwester zur Ehre meiner Ankunft gebraten hatte, auf den Tisch der[2] Stube gestellt, und mit Gemüse verzehrt. Ich legte mich dann in das Bett mit der schweren Hülle, das sie mir in meiner Kammer zurecht gerichtet hatten.

Am andern Morgen hielt ich es für meine erste Schuldigkeit, zum Grabe meiner Mutter zu gehen. Ich ging nach Pirling hinunter, ging auf den Kirchhof, stellte mich vor das Kreuz, darauf ihr Name stand, that ein Gebet, und bath sie dann um ihren Segen und um Fürbitte bei Gott. Dann wohnte ich dem Frühgottesdienste bei, besuchte dann den Pfarrer den Schullehrer und den Ortsrichter. Dann ging ich wieder nach Hause.

Dort begann ich nun alles, was sich vorfand, zu besehen.

Das Haus meiner Voreltern und Eltern stand, wo es noch steht, und wo ich eben schreibe, nahe bei Pirling nebst mehreren anderen Häusern, die aber zerstreut waren, so daß keines das

---

2 *üdZ* großen

4.¹

Mappe 35. b

Thal ob Pirling.

Ich will alles in dieses rothe Buch einschreiben, wie es sich zugetragen hat bis auf die jezige Zeit, und wie das rothe Buch selber entstanden ist. Möge es Gott segnen, daß es alle die Wirkungen bringe, um derentwillen es angelegt worden ist.

Als ich den Korschiz beinahe umgebracht hatte, ging ich von der Stelle nicht mehr nach Hause, sondern gleich in die Welt fort. Ich ging von Prag gegen Mitternacht, um den Schergen, die mich gegen Mittag als den Weg nach meiner Heimath suchen mochten, auszuweichen. Ich war mit nichts belastet, was ich hätte tragen müssen, mit keinem Fädchen Linnen oder Kleidern oder sonst etwas. Ich hatte mein alltägliches Gewand an, und hatte die Schulhaube auf dem Kopfe. Den Schläger hatte ich mit einem Riemen an meiner Seite befestigt. Die fünf und sechzig Thaler, die ich dem Korschiz entrissen hatte, und was sonst durch ein längeres Sparen zusammen gekommen war, trug ich in dem Wamse. Es kam sogleich die Nacht; ich ging aber die ganze Nacht hindurch, und aß ein Stük Brod, das ich bei mir hatte. Am Morgen zechte ich in einer Bauerschenke, und ging dann wieder fort. Ich ging die ganzen Täge² und manches Stük Nacht. Ich ging auf Fußwegen nach Schlan, von da durch den Wald nach Mies, dann auf Fußwegen nach Taus, und von da in den bairischen Ort Fürth. In Fürth kaufte ich mir schlechtes Linnen und einigen andern Bedarf. Dann ging ich am Saume des großen Waldes, der zwischen Böhmen und Baiern ist, mittagwärts bis in den Ort Freiung. Von Freiung ging ich wieder mittagwärts bis zu dem wilden ausgebreiteten Walde, in dem ein Ort ist, der den Namen Klafferstraß trägt. Dort miethete ich mich in eine hölzerne Schenke ein. Ich stieg nun alle Tage in den hohen Wald hinauf, und untersuchte seine Kräuter, strebte alle kennen zu lernen, die er hat, und legte sie zwischen Blätter in Päke. Ich kam oft in der Nacht nicht nach Hause, sondern blieb bei Holzschlägern oder auch an einem Feuer, das ich unter einer Tanne angezündet hatte. Als nach fünf Wochen von Lodron, der mir ein guter Geselle gewesen war, die Nachricht eintraf, der Balg des Korschiz sei geflikt, und er sei wieder auf dem Carolin ein vielverjährter Schüler wie vordem, nahm ich meinen Pflanzenpak mit einer Schnur über meine Schultern, und ging in meine Heimath. Als ich an dem Hause meiner Voreltern angekommen war, grüßte ich den Vater, der mir

---

1 aR zusammenhanglose Schriftproben z. B. mehrmals Der nur belastet der uns
2 H

entgegen gegangen, und der in den Jahren, in denen ich Prag nicht mehr verlassen hatte, alt geworden war, ich grüßte die Schwester Anna, den Bruder Kaspar, und den Knecht und die Mägde, die auch herzu gekommen waren. Der Vater sagte, er habe mich schon lange erwartet, da meine Truhe von Prag angekommen sei. Ich sagte, es habe sich etwas dazwischen geschoben. Dann führten sie mich in das Haus. Sie hatten mir die Kammer, die neben der großen Stube ist, und deren zwei Fenster auf den finstern Wald hinaus schauen, zur Wohnung hergerichtet, wie ich sie auch immer hatte, wenn ich in der schulfreien Zeit von Prag nach Hause gekommen war. Der Fußboden war gescheuert, und mit weißem Sande bestreut, die Fenster hatten weiße Vorhänge, der Ahorntisch

36. b

war näher an das Licht gerükt, zwei Schreine und ein Bettgestelle mit weißen Linnen standen an der langen Wand, und sechs Buchenstühle waren an verschiedene Orte vertheilt. Ich legte, da wir in der Kammer waren, meinen Pflanzenpak auf den Fußboden, legte den Schläger auf die rauhe Dachshaut meines Koffers, der in der Kammer stand, und wir sezten uns nieder. Der Vater fragte, was in dem Pake sei, und ob jemand die Dinge heraus nehmen, und in Ordnung bringen könne. Ich sagte, es seien Kräuter darin, und ich werde sie schon selber ordnen.

„Zum Heilen?" fragte er.

„Zum Heilen und zum Wissen," antwortete ich.

Da ich nach einer Weile den Koffer aufsperrte, und zuerst den Zeisiganzug des Eustachius heraus nahm, dann seinen braunen alten Überzug mit dem Fleke, wo das Loch hinein gebrannt war, dann die neuen Hemden, die Cäcilia gemacht hatte, und anderes ähnliches Ding, dann die Päke Hirngespinnste und die Briefe Christinens, und da ich alles dieses in einen Schrein pakte, schauten mir die Meinigen zu, und sahen mich an. Es war, da mich der Jude so ausgekauft hatte, so wenig in dem Koffer zurük geblieben, daß ich es sehr leicht in ein Tuch hätte binden, und flug mit dem Schläger über der Schulter hätte forttragen können. Ich warf auch alles in einen Schrein, und schob den leeren Koffer in einen Winkel.

Unterdessen hatte die Schwester Anna den größten Ahorntisch, der im Hause war, nehmlich den in der großen Stube, mit weißen Linnen gedekt, hatte Teller und Eßzeuge darauf gelegt, und alles zum Abendessen hergerichtet, und wir sezten uns, obwohl es noch lange nicht Abend war, zu dem Tische. Auch der Knecht die zwei Mägde und der Stallbube Thomas mußten sich zu uns sezen. Ein gebratener Schinken, wie es bei uns im Walde gebräuchlich ist, wurde mit gesäuertem Weißkohle und mit Klößen aufgetragen. Für mich und den Vater wurden zwei gebratene junge Hähne mit Kresse und ähnlichen Dingen aufgestellt. Auch eine große Flasche funkelnden Weines war da, der aus dem Keller gebracht worden war, wo eine Anzahl wohlverpichter Flaschen meiner Ankunft geharrt hatte. Das Abendessen wurde verzehrt, und endlich, wenn auch die lange Sommerdämmerung noch nicht vorüber war, begaben wir uns zur Ruhe. Ich legte meine doch etwas ermüdeten Glieder in das weiße Bett meiner Kammer, schaute noch in das schwache Abendgold, das durch meine Fenstervorhänge herein dämmerte, und entschlief.

Als ich am andern Tage das Grab meiner Mutter und den Pfarrer in Pirling besucht hatte, ging ich daran, alles in unserem Hause zu besehen.

Das Haus stand, wo es noch steht, und wo ich eben schreibe, zu Thal ob Pirling; in dem hohen flachen Thale, das in Mitternacht und Abend von Pirling liegt, und wo eine Bürgergemeinde in Bürgerhäusern und Kleinhäusern wohnt, die zwar mit einander verkehren können, aber doch zerstreut sind, und sich weder in der Aussicht noch sonst beirren, und Gärten und Wiesen zur Benüzung um sich haben. Das Haus stand, wie die meisten Waldhäuser stehen, nehmlich auf ganz schwacher Bodenerhöhung, um die sich Wiesen und Felder ausbreiten, in denen es mit den weißen Mauern und den vielen kleinen in dieselben gesezten Fenstern im Waldsonnenscheine weithin leuchtet. Das Haus hatte sehr dike schneeweiße Mauern, auf denen das flache Dach lag, das wie alle Waldhäuser große Steine trug. In dem Erdgeschosse war die große Stube, die bei uns der allgemeine Versammlungsplaz ist und auch die Speisestube. Sie war ein Ekgemach mit sechs Fenstern, je drei in einer Wand. Neben dieser Stube war die zweifenstrige Kammer, in der ich wohnte. Der Stube gegenüber war das Hofstüblein und ein Kämmerlein, und jenseits des Ganges war die Stube der Knechte und die der Mägde. Über der großen Stube und ihrer Nachbarkammer war unter dem Dache die obere Stube, die Zierstube, in welcher die schöneren Geräthe und die wertvolleren Dinge waren. Sonst war ein Gemach in dem Hause nicht mehr vorhanden. In jedem Gelasse war als Hauptgegenstand ein großer Ofen aus grünen oder blauen Kacheln, um den eine Ofenbank lief, und der in seinem oberen Theile Stangen um sich hatte, auf welche man Dinge hängen konnte. Im Hofstüblein schlief der Vater, im Kämmerlein daneben die Schwester, in der Mägdekammer die Mägde. Oberhalb des Hauses stand auf einem Hügel noch ein kleineres Haus, das dazu gehörte, und die Sölde hieß. Sie hatte drei Gelasse. Dort schlief Kaspar, der Knecht und der Stallbube. Das Haus hegte unter sich den Keller und in sich noch[1] die Aufbewahrungsräume und den Schüttboden. Den Hof hinter dem Hause bildete der Stall die Scheune und die Wagenlaube. Der Stall hatte mehrere Abtheilungen, und hegte in ihnen vier Zugochsen fünf Kühe und einige Kälber und heranwachsende Rinder, dann waren sechs Schweine, zwölf Schafe, deren Wolle zu Hausweben diente, und die Gelasse

---

1 *idZ* noch

Mappe 71.

zäunt, auf dem sie zeitweilig herum laufen und herum springen konnten.

Der Obrist war wieder einmal bei mir herunten, ich zeigte ihm die Thiere, er untersuchte sie sehr genau, und sagte dann, daß er sie, so weit seine Kenntnisse reichen, nicht nur als fehlerfrei sondern auch als sehr schön erkennen müsse. Er sprach mit mir über die Erziehung und Behandlung der Pferde.

Ich ging auch wieder zu ihm hinauf, und betrachtete den Fortschritt des Baues.

So war der erste Tag des Christmonates gekommen, der noch wie seine Vorgänger schneefrei war. Auf diesen Tag war die Einlattung des Hausdaches des Obrists festgesezt worden. Mir ist das Fest der Einlattung eines Hausdaches, wie es in unserer Gegend gefeiert wird, ein sehr fröhliches, wo nicht nur alle Nachbarn geladen werden, sondern auch helfen, so weit es immer thunlich ist, wo es ein Ruhm ist, nicht blos beim Einschlagen der Lattennägel den reinsten Schlaglauf zu beobachten, sondern auch die ganzen Flächen in möglichst kurzer Zeit mit Latten zu bedeken, und wo endlich die Gesundheiten ausgebracht werden für die Anwesenden und Abwesenden für die Vergangenen und Künftigen. Der Obrist hatte den Gebrauch eingehalten, er hatte Briefe in mehrere Häuser gesendet, er hatte alle nächsten Nachbarn geladen, und verkünden lassen, wer von nah und ferne komme, werde freundlich empfangen werden. Von uns hatte er in einem Briefe an den Vater ihn und seine drei Kinder geladen. Wir gingen mit dem Morgen, um zur rechten Stunde einzutreffen, in das Hag hinauf. Ich hatte in der Dämmerung mit meinem Fuchs die nöthigen Besuche gemacht. Der Vater war im Sonntagsstaate, und hatte das Rohr in der Hand, welches er als Gemeinderath trug. Ich hatte die Kleider angethan, welche ich bei meinem lezten Besuche in Prag gehabt hatte. Es war seit meinen Schultagen zum ersten Male, daß ich wieder in diesem Walde eine schwarze Sammethaube auf dem Kopfe trug. Anna hatte ihre Festkleider an, und Kaspar war in schmiegsamer Beinbekleidung und Jake, weil er es sich nicht hatte nehmen lassen, zu latten, wozu er seine Axt auf der Schulter trug ein Nägeltäschchen umhängen hatte, und einen mächtigen Tannenstrauß als Zeichen auf dem Hute führte. Da wir ankamen, sahen wir den Neubau schon von Menschen umringt. Die Sparren des Daches harrten aufgezogen, und auf der Spitze gegen Morgen stak der Tannenbusch mit den längsten schönsten vielfarbigen Seidenbändern. Wir gingen in das Innere des Hauses, und kamen in einen großen Saal, den man aus dem Raume, der einmal in Gemächer zerlegt werden sollte, eingerichtet hatte. Der Fußboden war mit Brettern und diese mit schön geflochtenen Strohmatten bedekt. Auf ihnen standen drei Tische der ganzen Länge nach hin, gedekt, und mit Erfrischungen versehen. Um die Tische waren aus Brettern und Pflöken kurze Bänke gemacht worden. Die Wände und die Deke des Saales, welche in eine Spize auslief, waren lauter Tannenreiser, so daß man sonst nichts gewahren konnte. Auf zwei Herdstellen, die so gebaut waren, daß der Rauch nach Außen abziehen konnte, brannten zur Erwärmung große Buchenklöze. Der Obrist, der sich in der Nähe der Thür zum Empfange befand, begrüßte unsern Eintrit und wies uns zu den nächsten Nachbarn und Ehrengästen, Anna aber zu den Mädchen. Es waren schon Viele versammelt. Ich sah den Freiherrn von Tannberg mit seiner Gemalin und seinen Töchtern. Bei ihnen stand auch Margarita, die ein schwarzsammetnes Kleid an hatte. Der Pfarrer von Sillerau und der Pfarrer von Pirling waren da. Fast halb Pirling war gekommen, Mathias Ferent mit den Seinigen, der Bürgermeister, die Gemeindeältesten, der Schullehrer, der Krämer, der Glaser, der Färber und so weiter. Der Hammerschmied Gerhard Rohr war da, der Glasmeister Johannes Bloch, der Meier Paul Köfner vom Kirnwalde, der Landwirth Herrmann Löff, jeder mit den Seinigen, denn alle die aus Thal ob Pirling, aus dem Thaugrunde, der obern und der untern Dubbs und der beiden Astung. Selbst aus dem Bisthume waren Leute über den Wald herein gegangen. Und immer begrüßte der Obrist noch neue Ankömmlinge.

Da es an der Zeit war, tönte eine Gloke, und wir gingen in das Freie. Vor dem Hause standen in einer Reihe die Zimmerer, welche den Dachstuhl im Sillerwalde gebaut hatten. Sie waren im Festgewande, hatten das reine Schurzfell um und die Axt auf der Schulter. Ihr Haupt war der fünf und achtzigjährige weißhaarige Zimmermeister Agapitus Klenz und nach ihm sein Sohn Gerhardus Klenz als Werkführer. Hinter den Zimmerern standen die Lattner in Reihen, so zahlreich, daß sie kaum Plaz auf dem Dache finden würden, jeder die Axt geschultert, an einem Riemen ein ledernes Täschchen um die Schulter, in das er sich Nägel aus dem Vorrathe gesammelt, und grünes Tannenreis auf dem Hute. Fast alle Jünglinge der Gegend waren gekommen, einem Fremden zu zeigen, daß sie gute Sitten haben. Weiter zurük standen die Maurer in ihrem Schmuke, weil der Tag

---

aR als Schriftprobe der

72.

doch heute hauptsächlich den Zimmerern gehörte. Noch weiter zurük standen die andern Gewerke und die Handlanger. Dienstleute des Obrists waren an einem eigenen Plaze aufgestellt. Rings um das Haus herum, an dem unzählige Leitern lehnten, war ein Raum frei gehalten.

Als die Gloke das zweite Zeichen gab, stieg der greise Agapitus Klenz auf eine kleine Bühne, grüßte nach allen Seiten, und rief mit weithin vernehmlicher Stimme:

> Latten auf und Latten ein,
> Laß sie Gott empfohlen sein,
> Latten auf und Latten ein,
> Nägel aus der Tasche fein,
> Steht das Haus in Gottes Hand,
> Latten schüz' vor Feur und Brand."

Darauf warf er seinen Hut, der rings um von Tannenreisern starrte, in die Luft. Auf dieses Zeichen stürzten die Lattner gegen die Leitern, liefen sie hinan[1], und wie sich ein Bienenschwarm an einen Baumstamm anlegt, so säumte sich das Mauersims des Hauses ring herum mit dunkeln Menschen. Ich hatte neben Kaspar auch unsern Knecht Kajetan laufen gesehen. Die erste Latte flog durch das Zugwerk rings empor, sie ward gelegt, und nun rollte der Axtschlag mehrmal um das Haus, und die Latte saß auf den Sparren. Die zweite flog empor, der Axtschlag rollte, und die Latte saß. Und die dritte saß, und die vierte saß, und man sah unter ~~den~~[2] rings umlaufenden Axtschlag den dunkeln Menschenkreis gegen den Dachfirst hinan wachsen. Weithin gegen die Buchen des Hags und gegen die Wälder hallte der Rollschlag, und tönte das Jauchzen und ein wechselnder Rundgesang. Endlich war die lezte Latte geschlagen, ein Donnerjauchzen erscholl auf dem Dache, ein Hutschwenken folgte, und ein Schwenken der Äxte, daß sie in der Wintersonne glänzten und blizten. Dann ordneten sich die Lattner auf den belatteten Flächen des Daches in Abtheilungen, Gerhardus Klenz, der auf dem Dache ihr Führer war, stellte sich auf die Spize des Firstes neben den Tannenbusch, grüßte nach Morgen und Abend und Mitternacht und Mittag, und rief:

> „Zimmrer bauen hoch das Haus,
> Bauen in die Luft hinaus,
> Bauen nur mit Holz und Span,
> Sind nicht andern unterthan,
> Sezen in dem Lattenlauf

---

1 *aR mB* wie Eichhörnchen
2 *H*

>   Erst dem ~~Bau~~³ die Haube auf.
>   Gnade sei in diesem Bau,
>   Schüz' den Herrn und auch die Frau,
>   Schüze Herrn und Frau und Kind,
>   Alle, die darinnen sind,
>   Lasse dir empfohlen sein,
>   Was wir hier gelattet ein."⁴

Nach diesem Spruche bükte er sich, nahm eine schöne Flasche mit Wein, die bei seinen Füssen gestanden war, schenkte in ein leeres Glas, das er ebenfalls aufgenommen hatte, etwas von dem Weine, grüßte nach allen Seiten auf uns herunter, trank den Wein aus, und warf das leere Glas in die Buchen des Hags. Dann nahm er sich zwei schöne Bänder von dem Tannenwipfel, heftete sie auf seinen Hut, und stieg an den Latten nieder, indem er den nächsten, die an ihm waren, und ihm leere Gläser hin hielten, den Rest des Weines einschenkte. Auch andere Flaschen mit Wein kamen zum Vorscheine, die Lattner schenkten sich in Gläser ein, riefen Gesundheit für alle, und leerten die Gläser.

Dann schritt Hadmar Kunter der Maurermeister und Führer der Maurer aufrecht auf den Latten, sein Schurzfell vor sich, und Kelle Hammer und Richtscheit an demselben tragend, gegen den Dachfirst, stellte sich neben den Tannenbusch, grüßte nach Morgen und Abend und Mitternacht und Mittag, und rief:

>   „Die Maurer bauen auf vom Grund,
>   Sie sind mit tiefer Erd' im Bund,
>   Sie ziehen aus dem Stein heraus
>   Die Mauern für das neue Haus,
>   Und sezt dem Stein im Lattenlauf
>   Der Zimmermann die Haube auf

---

3 *üdZ* ~~Stein~~ *aR* Stein
4 *aR mB* Gruber August Notar in Mauerkirchen

Mappe 89.

6.
Vom sanftmüthigen Obrist.

Ich aß mit den Meinigen an dem Abende, da ich von dem Birkenreut herab gegangen war, das Abendmal. Wir sprachen von den häuslichen Vorkommnißen des Tages.

Am andern Morgen schirrte ich schon um ein Uhr den Fuchs, ich schirrte ihn selber, weil ich die Knechte Kajetan und Thomas nicht weken wollte. Ich fuhr in die untere Dubbs, und nahm dort erst mein Frühstük, so wie ich auch dort erst dem Fuchs sein ordentliches Morgenfutter reichte. Gegen Mittag kam ich nach Hause zurük. Nachmittags ging ich in den Kirnwald, und von da an den Rintbach, wo das Häuschen der Brigittenhanna steht, deren Sohn kleine Tröge und Schwellen aus den Steinen macht. Ich redete eine lange Weile mit dem alten Weibe, und mit den Kindern ihres Sohnes. Abends fertigte ich noch die Leute ab, die in unserem Hause auf mich warteten, ging dann in meine Kammer, und legte mich frühzeitig nieder.

Ähnliches that ich noch mehrere Tage, wenn ich auch nicht jedes Mal so früh am Morgen ausfuhr.

Eines Abends schikte ich den Knecht Kajetan in das Haghaus, und ließ dem Obrist sagen, daß ich am nächsten Tage um drei Uhr Nachmittags zu ihm kommen würde, wenn es ihm genehm wäre. Er sendete mir die Antwort, daß es ihm sehr genehm wäre, und daß er mich um die angegebene Stunde mit großer Bereitwilligkeit erwarte.

Ich ging also des andern Tages in das Haghaus, daß ich um drei Uhr bei demselben ankam.

Ich sah den Obrist im Garten, so weit man das, was schon fertig war, einen Garten nennen konnte. Er hatte ein schwarzes festlicheres Gewand an, als er in gewöhnlichen Zeiten zu tragen pflegte. Da er mich, weil man von dem Garten den Weg übersieht, kommen sah, ging er mir bis an das Hofgitter entgegen, begrüßte mich, führte mich über den Hof, über den Gang, und geleitete mich in seine Wohnstube. Dieselbe war auf das Sauberste aufgeräumt.

„Das ist recht schön," sagte er, /„/daß ihr von eurer recht wenigen Zeit einige abgekargt habt, um die eigensinnige Bitte eines alten Mannes zu erfüllen, und ihm diese Zeit zu schenken. Ich werde suchen, sie nicht gar zu lange zu machen."

„Ich wüßte nicht, was ich nicht mit großer Freude thäte," antwortete ich, „wenn ich einen Wunsch von euch, Herr Obrist, erfüllen könnte. Nemmt[1] meine heutige Zeit, wie ihr sie bedürft, es ist genug, wenn ich nur vor der Dämmerung, die in jeziger Sommerszeit sehr spät eintritt, nach Hause komme, um mit einigen Leuten noch reden zu können, die etwa auf mich warten."

„Und nicht nur eine Zeit schenkt ihr mir," fuhr der Obrist fort, „sondern ihr erfüllt auch sogar mein unartiges Verlangen, und bringt sie mir in mein Haus, statt daß es meine Pflicht gewesen wäre, sie bei euch zu suchen, und zu erbitten."

„Es ist sogar meine Pflicht, die des jüngeren," sagte ich, „so zu thun, wie ich gethan habe, selbst wenn ihr nicht immer so gütig gegen mich gewesen wäret, wie ihr es in der That gewesen seid."

„Ich kann nicht denken, daß ich anders gegen euch gewesen wäre, als es meine Schuldigkeit ist," antwortete er.

„Doch, lieber Obrist, doch," sagte ich, „und ich werde es euch nicht vergessen."

„So sezet euch nun auch ein wenig an meiner Seite nieder," sagte er.

Es standen zwei Sessel an dem Tische, und er wies mir einen an. Ich legte meine Haube auf einen Seitentisch, und sezte mich auf den angewiesenen Sessel. Er nahm den andern ein.

„Die Eurigen sind doch gesund und im Wohlsein?" fragte er.

„Gott erhält ihnen, so lange ich nun im Hause bin, Gesundheit und Fröhlichkeit," entgegnete ich, „wofür

---

1 *H*

90.
ich ihm in meinem Gebete danke."

„Und bei euern Kranken hat sich auch nirgends ein betrübender Fall ereignet," sagte er.

„Nein," antwortete ich.

„Die alte Sara ist schon besser," sagte er.

„Die ist schon seit drei Wochen gesund," entgegnete ich.

„Und der Erlebauer geht auch der Genesung entgegen," sagte er.

„Seit einer Woche ist keine Gefahr mehr vorhanden," erwiederte ich.

„Das ist gut, es wäre Schade um den Mann gewesen," antwortete er, „er ist sehr thätig, und hat fünf lebende Kinder."

„Er genießt auch überall den Ruf der Rechtschaffenheit," sagte ich.

„Das habe ich auch gehört," entgegnete er, „und es freut mich. Der Krings hat sich ja einen Fuß gebrochen?"

„Weil er sich nicht wahrt," sagte ich, „eine fallende Buche hat ihn gestreift."

„Im Thaugrunde wars?" fragte er.

„Im Thaugrunde," sagte ich.

„Ihr kommt ja jezt öfter ins Haslung hinunter," fragte er, „ist es wahr, daß sie das Gehäng reuten?"

„Lauter Felder, seit sie sich los gekauft haben," antwortete ich.

„Und in den untern Hofmarken mähen sie schon Heu, wie ich höre", sagte er.

„Es ist kein Halm mehr auf den Wiesen," entgegnete ich.

„Das ist bis jezt ein gesegnetes schönes Jahr," sagte er, „wenn uns der Herr noch weiter hinaus behütet, und das, was wir erwarten, gut einbringen läßt, so kann sich mancher etwas[1] helfen. Ich höre schon seit geraumer Zeit in den Sillerwald und in das Lidenholz herauf schießen, ich bin jezt lange nicht nach Pirling hinab gekommen, sie sagen, daß der untere Wirth Bernsteiner in dem Steinbühel seinen Keller erweitern läßt."

„Freilich," entgegnete ich, „er will den Steinbühel zu einem noch größeren Erlustigungsort der Pirlinger machen, und Erheiterungen für Jung und Alt anlegen. Das sei schon ein Gedanke seines Großvaters gewesen, als man damals den Schießstand im Steinbühel errichtet hatte, sagt er.[2] Er läßt nun einen Keller in den Felsen sprengen, und auf dem Felsen noch eine schöne hölzerne Halle neben dem Schießstande bauen."

---

1 *aR* ein wenig
2 *aR* sagt er.

„Nun, solche Dinge müssen auch sein," sagte der Obrist.

„Ihr wißt ja schier alles, was in der Gegend vorgeht," sagte ich.

„Wie es sich fügt," antwortete er, „man erzählt mir Verschiedenes./"/

„Nein, Obrist," sagte ich/,/ „ihr nehmt Antheil an den Angelegenheiten, und fördert sie. So kurz ihr hier seid, wissen das schon manche, und ich weiß es auch. Ihr seid der beste Mensch, den ich kennen gelernt habe."

„Bin ich das," erwiederte er, „so macht es mir Freude, daß ihr es sagt. Ihr seid der zweite Mensch, der das ausspricht, der erste, der es gesagt hat, ist schon lange todt, ich werde euch von ihm erzählen. Wie die Dinge zwischen uns geworden sind, Doctor, so seid ihr nicht blos mein nächster Nachbar, sondern auch sonst in Beziehung zu uns[3], und da habe ich gedacht, als ich zu euch in das Birkenreut hinauf gegangen bin, daß es gut wäre, wenn ihr mehr von uns wüßtet, und wenn ich auch manches darlegte,[4] weßhalb ich euch damals um die Unterredung bath, die ihr mir heute gewährt. Höret mich ein wenig in Güte an."

„Euer Vertrauen ehrt mich," antwortete ich, „und ich werde es zu jeder Zeit hoch achten."

„Habt ihr einmal von Leuten gehört, die Uhledom heißen?" fragte er.

„Ich glaube, daß ich von ihnen gehört habe," entgegnete ich, „da ich noch ein junger Schüler in Prag war,[5] sind vielleicht Gerüchte von dem Grafen Casimir Uhledom gegangen."

„Spieler, Raufer, Verschwender," sagte er.

„So ungefähr,"[6] antwortete ich.

„Dieser Casimir Uhledom bin ich," sagte er.

„Ihr[,][7]" rief ich, „das ist unmöglich ‖,‖[8] und ich habe nie gemeint, daß ihr von Uhl wäret."

„Es[9] ist möglich, weil es so ist," antwortete er, „mein Leben[10] ‖kannten die Leute sehr genau‖[11], ich hatte viel Übles, manches war ich im besseren

---

3 aR sonst uns angelegener als jeder andere
4 aR uns genauer kenntet,
5 aR scheint mir,
6 aR „Es mochte ähnlich gewesen sein,"
7 aR , Obrist Uhl,"
8 ."
9 aR „Uhl von Uhledom, und es
10 aR „Casimir Uhl von Uhledom. Einige Gerüchte mögen wahr sein, ich bin nicht gut gewesen. Manches war ich im besseren Sinne, als die Leute wüßten,
11 idZ in 2. Var. das Schlimme kannten sie zu genau

~~Sinne, als die Leute wußten, mein~~¹² Gutes ~~kannten sie~~ wie ein Schlimmes, und ‖mein Bestes‖¹³ gar nicht, und das bin ich durch Kummer geworden, und durch Kummer bin ich nach und nach geworden, wie ich bin. Ich will es euch erzählen. Als mein Vater starb, war ich sechzehn Jahre alt, mein Bruder zwanzig. Unsere Mutter war schon lange vorher gestorben. Mein Bruder war immer der bessere gewesen, ich hatte dem Vater Kummer und Zorn erregt. Als man das Papier, welches den lezten Willen des Vaters enthielt, feierlich eröffnete, war er der Erbe, ich erhielt nur den Noththeil, und was mir von meiner Mutter zugefallen

---

12 *üdZ* manch
13 das Beste

Mappe 103.

7.
Von meinem Hause.¹

Im Morgengrauen des nächsten Tages fuhr ich mit Thomas zum Aschacher hinunter. Ich nahm jezt das Eis gleich in einem diken zinnenen Gefäße mit, weil ich dachte, daß ihnen das von gestern zu Ende gegangen sein wird.² Es war die ganze Zeit von meinem gestrigen Besuche bis jezt geschehen, was ich angeordnet hatte. Ich besah die Beschädigung. Die Flächen der Verwundungen waren sehr schön. Ich hatte daran eine Freude. Was wäre für eine Hize aus der ungewöhnlichen Entblößung entstanden, und welche Folgen hätten eintreten können, wenn nicht alles durch das Eis gemildert worden wäre. Der Mann selber fühlte sich erleichtert, dankte, und versicherte beständig, wie er in Zukunft vorsichtig sein wolle.³ Ich legte das Linnen, welches mit dem durch das mitgebrachte Eis gekühltem Wasser befeuchtet worden war, auf die Verwundung, sagte, daß sie das immer thun sollen, wenn die frühere Auflage durch die Wunde zu erwärmen beginne, und daß sie, wenn das Eis auszugehen drohe, in einem in nasse Tücher eingehülltem Kübel ein neues bei mir holen lassen möchten. Die Zeit, wann mit dem Eise aufzuhören sei, würde ich selber bestimmen. Am Nachmittage werde ich wieder kommen.

Und so fuhr ich mit Thomas dann wieder weiter.

Wir fuhren zu dem Erlebauer hinauf. Er saß schon in der wohlthätigen Morgensonne⁴ unter seinen Birnbäumen, und sah mich freundlich an, als ich auf dem Wege neben dem nassen Grase zu ihm ||hinzuging||⁵. Es war da nichts mehr anzuordnen, als daß er durch einen Fehler sich nicht wieder übler mache. Ich⁶ nahm von seiner Frau einen Schluk der kühlen Milch, die sie mir gebracht hatte.

---

1 *oben mB* Ich tauchte frisches Linnen in das Wasser, welches ich durch das mitgebrachte Eis gekühlt hatte, rang es etwas aus, und legte es in sechsfachen Blättern auf die Wunde, und sagte, so sollen sie nun fort thun, und sehen, daß die Auflage durch die Wunde nie warm werde. Wenn ihnen das Eis ausgehe, sollen sie bei mir ein neues holen lassen. Wie lange wir so fortfahren, werde ich schon bestimmen. Am Abende werde ich wieder kommen.
Vom Aschacher fuhr ich zum Erlebauer hinauf
Darunter mB auf S. 104 gehörende Einfügungen 8 und 25
2 *aR mB* Da ich angekommen war, sah ich, daß
3 *aR mB* Der Mann fühlte sich leichter, und gab mir beständig die Versicherung
4 *aR mB* auf einem Sche Stuhle
5 hinging
6 *mB gestrichen; aR mB* verschlimmere. Er versprach Folge, und ich

Dann fuhren wir zu Krings, der am Rothberge nicht weit von dem Wirthe das schöne Anwesen hat. Er war[7] von einer Buche, die in seiner Holzwiese stand, die von seinem Vater geschont worden war, die er schon mehrere Male hatte weg räumen wollen, und die er jezt umschneiden ließ, gleich dem Aschacher, als sie fiel, gestreift worden. Ihm aber hatte ein Ast den Fuß gebrochen. Man hatte mich damals gleich in den oberen Thaugrund, in welchem das Unglük geschehen war, und welcher näher an unserem Hause lag als das Haus des Krings, geholt, ich hatte ihm dort auf dem Grase den Fuß eingerichtet, und hatte ihn dann auf einer Bahre nach Hause tragen lassen. Das Übel ging jezt schon seiner Heilung entgegen. Ich[8] mußte ihm nur die größte Ruhe anordnen.

Von dem Anwesen des Bauers Krings fuhren wir durch den langen Wald des unteren Rothberges in die Friedsamleithe hinüber zu der uralten Tagelöhnersfrau Mechthild ‖Kerberg‖[9], die noch in ihrem sehr hohen Alter eine schwere Nervenkrankheit glüklich überstanden hatte. Sie saß auf dem von Regen Thau und Sonnenschein ~~ganz~~[10] grau[11] ‖gewordenen‖[12] Holzbänkchen ~~des Hauses~~[13], und spielte ~~weichen Gemüthes~~[14] mit ihren Urenkeln. Ich fragte sie aus, sprach mit der Gattin ihres Sohnes und der ihres Enkels,[15] und ließ ihr etwas Stärkendes zurük.

Dann fuhren wir in die Ahornöd zur Heidelis hinaus. Sie ist eine Näthterin, und lag an einem sehr üblen Fieber schwer darnieder. Sie ‖war nicht schlechter geworden‖,[16] und ich ließ ihr von ~~Moschus~~[17] zurük.

Dann fuhren wir zu den zwei Knaben des Bauers Dofer in die untere Dubbs hinab, welche beide an

---

7 *aR mB* wie der Aschacher
8 *aR mB* empfahl ihm, daß er in der ruhigen Lage, in der er bisher gewesen war verharre.
9 Kerban
10 *mB gestrichen*
11 *üdZ mB* und morsch
12 gewordenem
13 *mB gestrichen; aR mB* vor der Hütte
14 *mB gestrichen*
15 *idZ mB* weil die Männer nicht zu Hause waren, und ließ der alten Frau
16 *mB üdZ* hatte sich nicht verschlechtert
17 *aR mB* Balsamthiere

104.

den rothen Fleken darnieder lagen. Sie waren in sanfter Wärme, und ich gab ihnen Tropfen zu sanfter Wärme¹. Hier bekam der Fuchs auch einen Morgeninbis.

Von der Dubbs fuhren wir den Sandberg in das Gehänge hinauf zu der sechzehnjährigen Tochter des Steinhauers Bohen, die an einem hizigen Fieber litt. Ich konnte den Eltern einigen Trost geben. Im Gehänge war noch der Zimmerer Tropp, welcher sich mit der Bandhake am Fuße verwundet hatte. Die Wunde schloß sich schon rein und klar durch die Hilfe des kalten Wassers.²

Dann fuhren wir zu dem Mörichbauer, den ein Pferd geschlagen hatte, dann zu dem Knechte des Bauers K̶r̶e̶d̶³, der sich durch einen Stein die kleine Zehe zerquetscht hatte. Beide waren besser.

Der hundertjährige Auszügler des Alighofes, der nicht krank war, aber an seinen Jahren zu sterben begann, lächelte vergnügt, da ich kam, und sagte, er sei schon alt, und es müsse einmal mit ihm zu Ende gehen, aber ich halte ihn noch immer über Wasser, und so ein zehn Jährlein möchte er noch machen können.⁴

Die Gattin des Meiers in Bergpirling, die sich /überarbeitet/⁵ hatte ‖,‖⁶ erholte sich durch d̶i̶e̶ Ruhe u̶n̶d̶ ̶d̶u̶r̶c̶h̶ ̶d̶i̶e̶ ̶a̶n̶b̶e̶f̶o̶h̶l̶e̶n̶e̶ ̶N̶a̶h̶r̶u̶n̶g̶.⁷

Von Bergpirling fuhren wir durch den untern Ausgang des Sillerholzes wieder unserem Hause zu. Der Knecht Thomas war an dem Tage besonders aufmerksam gegen mich, und besonders gesprächig gewesen.⁸

Als ich zu Hause angekommen, und der Fuchs versorgt war, brachte mir Anna zu unserem Essen auf den Tisch in der großen Stube jene Speisen, von denen sie wußte, daß sie mir besonders angenehm waren.

Nach dem Essen dachte ich⁹ daran, wie denn der Eisraum unsers Hauses, den ich hatte anlegen lassen, vergrößert werden könnte, und ich

---

1 *aR mB* und gute H̶o̶f̶f̶n̶u̶n̶g̶ ̶u̶n̶d̶ Versicherungen
2 *der Absatz aR angestrichen*
3 *aR mB* Fehn
4 *aR mB* Ich hinterließ ihm einige Stärkung. Dann fuhren wir zur Gattin des
5 *statt* überarbeit
6 *üdZ mB* . Sie
7 *idZ mB* und durch einige Pflanzen, welche ich ihr gegeben hatte.
8 *aR Zeichen zur S. 103 oben* Dann ging ich in Bergpirling noch zu 2 andern Kranken, während der Fuchs rastete, und dann fuhren wir in das Reut von Bergpirling, wo die Gattin des Reuthammer s̶i̶c̶h̶ ̶d̶i̶e̶ ̶A̶u̶ entflammte Augen hatte. Ich konnte den Umschlag schon weg nehmen. Von Reutbergpirling fuhren wir
9 *aR mB* sehr ernstlich

versuchte auch ein wenig in dieser Hinsicht auf ein Papier zu zeichnen. Ich sah, wie die Sachen jezt gingen, daß das Eis zu Ende ~~gehen~~[10] könnte, ehe ein neues würde. Der vergangene milde Winter hatte gezeigt, wie[11] eine Voraussicht nöthig ist. Die Bewohner des Waldes konnten noch lange nicht veranlaßt werden, Eis zu sammeln, weil es außer ihrem Betrachte lag, und gerade im Walde kommen sehr viele Verwundungen vor, wo das Eis sehr nüzlich ist.

Am Nachmittage fuhr ich zu andern Kranken,[12] dann sprach ich mit denen, die zu mir in das Haus gekommen waren, und rieth ihnen, und gab ihnen Mittel. Hierauf fuhr ich wieder zum Aschacher hinab.[13] Das schwere Ereigniß ging einen Weg, den ich mir nicht besser zu wünschen vermochte. Dann, als die späte Sommerdämmerung schon beinahe begann, kam ich nach Hause, und das Tagewerk war ~~abgewikelt~~[14]. Wir brachten den müden Fuchs in den Stall. Er erbarmte mir. Ich ging zu den jungen schwarzen Pferden hinüber, und sah, wann sie denn würden dienen können; der Fuchs allein kann doch nicht die Beschwerlichkeiten mehr ertragen, insbesonders da er ihren Zwek nicht einzusehen vermag, und nur um des Bischens Nahrung und Pflege willen meinen Anforderungen nachkömmt. Er soll es im Alter gut haben. Die jungen schwarzen Thiere wuchsen fröhlich heran, und bald werden sie kleine Dienste zu leisten im Stande sein.

Und so wie dieser Tag vergangen war, vergingen mehrere. Ich fuhr zu allen meinen Kranken, und ließ keinen einzigen an irgend einem Tage aus.[15] Der Schaden des Aschacher besserte sich wunderbar, und ich kam alle Tage zwei Male zu ihm. Auch die Heidelis und die Tochter des Steinhauers schienen mir nicht mehr in Gefahr zu sein.[16] Wenn ich am Nachmittage einige Zeit frei hatte, ging ich in unsere[17] Wörthwiese hinab, auf welcher meine Angehörigen Heu machten.

Nach mehreren Tagen kam der Obrist zu mir herunter, um, wie er sagte, mir meinen Besuch zu erwiedern. Ich sprach mit ihm von dem Eise.

---

10 *üdZ mB* kommen
11 *aR mB* sehr die Vorsicht nothwendig ist. Im Walde kommen die Verwundungen durch die Holzarbeit sehr häufig vor, und die Leute können noch lange nicht veranlaßt werden, Eis zu sammeln, weil dieses Ding außer ihrer Betrachtung liegt, und sie auch erst Raum dazu graben müßten.
12 *aR mB* Als ich zurück gekommen war
13 *aR mB* Jezt konnte ich schon sehen
14 *üdZ mB* vollendet
15 *aR mB* Zum Aschacher 2 Mal
16 *aR mB* Unsere Leute machten eben Heu in der Wörthwiese und wenn ich nur ein Bischen Zeit hatte, ging ich zu ihnen hinunter.
17 *idZ* ~~Wörth~~

Er sagte, daß er jezt zwar keines habe, daß er aber Raum dazu ~~besize~~[18], und im nächsten Winter einen Vorrath anlegen werde, wovon er dann den Leuten ~~dienen~~[19] könne. Er[20] besah ~~alle~~[21] Veränderungen, die in unserem Hause noch immer vorgingen, er besah unsern Thierstand[22], besonders die jungen schwarzen Pferde, die er wieder prüfend befühlte, sprach mit mir von meinen Kranken und meinen Mitteln, und ~~vorzugsweise~~[23] lange mit dem Vater über das, was in dem Wirthschaftswesen des Hauses eben vor ~~sich ging~~[24], und wie es eingerichtet sei. Dann ging er seines ~~langsamen~~[25] Ganges, wie er gekommen war, wieder gegen die Eschen und gegen das Haghaus empor. Ich begleitete ihn bis zu den Eschen.

Vier Tage darnach ging ich zu ihm hinauf. Er empfing mich ~~genau~~[26] wie jedes Mal, und ||sprach||[27] von den Dingen, die ~~so~~[28] gewöhnlich der Gegenstand der Gespräche bei unseren Zusammenkünften waren. Margarita kam auch zu dem Vater herüber, wie sie gerne bei solchen Gelegenheiten that. Sie war ruhig freundlich, und redete heiter mit mir. Wir gingen in dem Hause herum, und sahen, was da noch im Werke war, um

---

18 *aR mB* vorgerichtet habe
19 *üdZ mB* ablassen
20 *aR mB* sprach von meinen Kranken, erkundigte sich um Kaspar und Anna.
21 *üdZ mB* die
22 *udZ mB* und verweilte   *unten aR* verweilte länger
23 *üdZ mB* redete dann
24 *udZ mB* ging
25 *üdZ mB Zeichen zur S. 103 oben* gewöhnlichen ruhigen
26 *mB gestrichen*
27 *üdZ mB* wir sprachen
28 *mB gestrichen*

Mappe 105.

es seiner ~~gänzlichen~~ Vollendung entgegen zu führen. Dann gingen wir in den Garten, dann auf die Felder,[1] und dann besahen wir den Birkenanflug, welchen der Obrist ~~auf einen Grund hatte säen lassen,~~[2] auf welchem bisher /nichts/[3] als nur äußerst kurzes dürres Gras gewachsen war. Als ich nach Hause ging, begleitete mich der Obrist mit seinen zwei schönen Hunden auch wieder bis zu den Eschen.

Ich ließ von unserer großen Hausfichte[4], ~~welche Margarita so gefallen hatte~~[5], das Bänklein, das seit undenkbaren Zeiten unter derselben gestanden war, wegnehmen, ließ einen großen schönen grünen Plaz um den Baum mit schlanken silbergrau angestrichenen Latten einfaßen, und ließ an seinem Stamme eine sehr schöne Bank und einen sehr schönen Tisch von derselben silbergrauen Farbe, ~~die Margarita so an ihren Kleidern liebte, und die sie an ihrem Kleide hatte, da wir mit einander durch den Lidenholzschlag gingen,~~ sezen. Damit aber, wenn man auf dem Tische schriebe, oder läse, oder wenn man an ihm äße, nicht die Nadeln auf ihn herabfallen könnten, ließ ich die Einrichtung machen, daß man mit dem Zuge an einer Schnur ein starkes Linnentuch wie ein Dach über ihn spannen ‖konnte, welches Dach nach dem Gebrauche mit der Schnur wieder in einen Streifen zusammen zu schieben war.‖[6] Mein Vater saß nun recht gerne unter dem Baume.

Als ich mit meinen Gedanken über den Eisraum unseres Hauses im Reinen war, und mein Vater sich auch mit mir einverstanden erklärte, ließ ich die Arbeiter kommen, und ging daran, diesen Raum für den künftigen Gebrauch zu erweitern. Ich sah jeden Tag, wenn ich nach Hause kam, einige Male bei der Arbeit nach.[7]

[8]~~Eines Nachmittages ging ich in den Lidenkessel hinein. Ich ging des Lustwandelns willen, wie ich jezt schon lange nicht gethan hatte. Es wird sehr selten sein, daß jemand zu seinem Lustgange das Lidwasser wählt. Es führt da kein Weg. Das Wasser ist seicht, überall liegen Steine, und der~~

---

1 *aR mB* auf die Surrwiese, und dann
2 *mB gestrichen; aR mB* ... die dürre Surr, die sonst nichts als kurzes Gras trug, hatte säen lassen.
3 *statt* nicht
4 *aR mB* Nach einiger Zeit ließ ich
5 *aR mB* vor welcher M. gestanden war
6 *mB in 2. Var.* und nach dem Gebrauche wieder in einen Streifen zusammen schieben konnte.
7 *aR mB* Ich war mit einem Entwurfe zur Vergrößerung ... fertig geworden und, da mein Vater mit ihm einverstanden war, so wurde die Arbeit nun in das Werk genommen. Ich sah fleißig nach.
8 *aR mB ungetilgtes Zeichen*

~~Raum ist zwischen den Waldwänden sehr beengt. Ich ging auf den Steinen und zum Theile mit meinen dichten Stiefeln in dem Wasser dahin.~~ Über das Grau der Felsen, die sich sehr häufig aus dem Grün der ‖Waldwände‖[9] ~~herüber~~[10] drängten, schaute das sanfte Dämmer des entfernten Kirnwaldes ‖hervor.‖[11] Es verschwand zuweilen, und zeigte sich wieder, je nachdem ich um eine Eke oder um eine Windung bog. Der Raum wurde immer enger, der Kirnwald verschwand endlich ganz, und ich sah über mir nichts mehr als den einzigen schwermüthigen Himmel. An dem Saume des Wassers waren hie und da die blauen Scheine des Waldenzianes, und über den schwarzen Moorstellen, in die der Fuß einsank, die breiten grünen Augen des Huflattigs. Ich stand eine Zeit an der hohen Tanne und an dem feuchten Fels, wo das Wasser aus der Erde hervor quillt, und wo die Schlucht zu Ende ist. Dann kletterte ich aber nicht wie damals an den Wänden des Lidkessels zu den Okersteinen des Rothberges hinan, sondern ging wieder dem Laufe des Lidwassers nach zurük, bis der Raum breiter wurde, und ich recht leicht gegen die Höhe des Lidholzschlages empor, und von da nach Hause gehen konnte.

[12]Ich kam mehrere Male zu dem Obrist hinauf, er auch zu mir herunter. Einmal brachte er auch Margarita zum Besuche in unser Haus.

Gegen den Spätsommer, als ~~ich den~~[13] Meinigen den Roggen und die Gerste in das Haus[14] bringen geholfen hatte, als der Aschacher meiner Hilfe nicht mehr bedurfte, als selbst die Heidelis dann die zwei Knaben des Dofer und das Töchterlein Bohens schon lange gesund waren, als in der schönen Zeit die Krankenzahl sich sehr gemindert hatte, und unter den Kranken kein einziger sich befand, der in irgend einem schlimmen Zustande gewesen wäre, ging ich wieder auf eine sehr kurze Frist nach Prag. Mein erster Gang in Prag war zu meinem Juden[15], ob er das Schreibgerüste mit den Fröschen Eidechsen und andern Thieren und mit dem gewundenen Laubwerke noch habe. Ich hatte damals, als Margarita meine alten Schreine länger betrachtet hatte, gedacht, ich würde das Schreibgerüste kaufen, wenn ich es wieder sähe, wenn es mir so gut wie das erste Mal gefiele, oder besser, da ich es jezt, wo ich an solchen Dingen

---

9 *mB* Wände
10 *üdZ und aR mT* ~~heroben herein~~ hervor[.]
11 *üdZ mT* ~~ab~~ *aR* herein.
12 *aR mB* Während so die Zeit verging, kam
13 *üdZ mB* die
14 *aR mB* gebracht hatten, und ich ihnen behilflich gewesen war so gut ich konnte
15 *aR mB* /Namen/

gelernt hatte, besser zu beurtheilen im Stande war. Er hatte es noch‖. Ich‖[16] kaufte ihm dasselbe ab. ‖Um‖[17] was ich ihn bei den früheren Geräthen gedrükt hatte, um das und um noch mehr drükte er mich jezt, da er bald erkannte, daß ich das Geräthe haben wollte.[18] ~~Es gefiel mir vielleicht jezt mehr als das erste Mal, ich zahlte ihm seinen Preis, ließ einen Holzverschlag machen, und sendete in demselben das Geräthe in unser Haus.~~ Dann kaufte ich in einer Bude der alten Stadt, wo sie allerlei Kleinodien hatten, ein sehr schönes Kästchen aus Elfenbein, das mit himmelblauen Steinen besezt war. Das Kästchen hatte die Länge und Breite einer Hand. Dann kaufte ich an Kräutern

---

16 *idZ* , *aR* es gefiel mir besser, ~~und~~ ich
17 *üdZ* und um
18 *aR* Ich ließ einen Holzverschlag darum machen, und sendete es nach Hause.

106.

und andern Gegenständen, was ich auf weitere Zeit für mein Heilamt bedurfte. Und als ich noch in Schnelligkeit meine Lehrer Freunde und einige andere Leute besucht hatte, ging ich auch zu dem Kaufherrn Emerich Bolzon und seiner Tochter Christine. Es hatte sich bei beiden nichts verändert, und sie waren noch in dem schönen Hause an dem schönen Garten.

Ich ging auch zu Cäcilia, und brachte ihr wieder Leinwand, daß sie mir Hemden mache, wie die früheren gewesen sind. Obwohl ich mein Leiblinnen bei uns im Walde besorgen ließ, wollte ich doch ~~stets einige~~[1] Hemden, wie sie Cäcilia einmal dem Eustachius gemacht hatte, [2]von der Hand Cäciliens ‖haben.‖[3] Sie sagte, sie werde mir die Hemden auf das Sauberste und Genaueste machen, daß ich daran Freude haben solle. Dann sezte sie hinzu: „Der arme Eustachius wird vergehen, er erwartet, daß ihr ihn rettet, er hat nicht den Muth, sich zu eröffnen, es ist gottvergessen, Herr Doctor!"[4]

„Weib, wer lehrte dich denn meine Gedanken?" fragte ich.

„Niemand," antwortete sie, „das denken sich alle Leute, die vernünftig sind."

Ich verließ ihre Stube, und sie geleitete mich mit Knixen wie immer bis an die Treppe, und sagte, daß sie das Linnen sehr bald schiken werde.

Ich ging noch zu dem Herrn Bürgermeister und zu seiner Gattin und Tochter. Jakoba war noch immer unvermählt. Der Bürgermeister sagte, er werde nach und nach alt, er müsse nun bald seinen Geschäften Lebewohl sagen, und dann werde er einmal zu uns in unsern Wald kommen, um die Betriebsquellen zu sehen, die dort die Leute haben, und wie sie überhaupt ihr Leben einzurichten gewohnt sind.

Mein Freund Lodron war nicht mehr in Prag, andere hatten sich in verschiedene Weisen ~~eingewöhnt~~[5], die sie nun nicht mehr verließen.

In Prag bestellte ich auch das rothe Lederbuch, in welchem ich jezt diese Dinge sage, und sie einschreibe, daß sie mir einmal zur Erinnerung dienen können, zu welchem Buche ich eine sehr genaue Beschreibung und Zeichnung gemacht, und in die Zeichnung gleich die Farbe eingetragen hatte, welche das Leder haben sollte.

Bei einem Silberschmiede kaufte ich eine silberne Schale mit schöner

---

1 *üdZ mB* die
2 *üdZ mB* und die ich
3 *idZ mB* habe   *aR* nicht ausgehen lassen.
4 *aR mB* Ihr seid
5 *aR mT* eingefunden

Nadelarbeit, fast wie Margarita eine hatte. Ich kaufte die Schale theuer, obwohl ich nicht wußte, was ich jezt mit ihr beginnen sollte.

Nach diesen Dingen fuhr ich wieder in meine Heimath. Ich fuhr mit verschiedenen Wägen, die ich an verschiedenen Stellen bekommen konnte, und entrichtete lieber ein größeres Fahrgeld, um nur recht schnell nach Hause zu kommen.

[6]~~Ich that das Edelweis, welches mir Margarita gegeben hatte, in das Elfenbeinkästchen mit den himmelblauen Steinen und stellte das Kästchen neben jenes, in dem sich die Briefe Christinens an Eustachius befanden.~~

~~Am zweiten Tage nach meiner Ankunft~~ kaufte ich von dem Meier im Haslung ein Pferd, ~~wieder~~[7] ein starkes Pferd, ||ein Scheke||[8] mit weißen und braunen Fleken. Es sollte dazu dienen, einspännig mit ihm herumfahren zu können. Der Fuchs mußte mehr geschont werden, er ist ein sehr gutes Thier, und hat besonders die vorzügliche Eigenschaft, daß er das himmlische Feuer nicht fürchtet; denn ich kann oft bei Gewittern nicht warten, bis sie vorüber gegangen sind, sondern muß zuweilen dem Blize dem Donner und dem Regen entgegen fahren. Die zwei schönen schwarzen Pferde, welche mir[9] erstarken, können doch noch eine Weile nicht, und dann auch noch nicht anstrengend verwendet werden.

[10]Das Edelweis, welches mir Margarita gegeben hatte, that ich in das Elfenbeinkästchen mit den himmelblauen Steinen, welches ich von Prag gebracht hatte, und stellte das Kästchen neben jenes, in dem sich die Briefe Christinens an Eustachius ||befanden||[11].

Am fünften Tage nach meiner Zurükkunft ging ich in das Haghaus hinauf. Der Obrist empfing mich sehr freundlich, und erzählte mir, daß Margarita nach Wien gereiset sei, und eine Zeit dort verbleiben werde. Er habe sie selber hingeleitet, und in dem Hause einer etwas entfernten Verwandten untergebracht, wo sie ein angenehmes Verbleiben habe, und sich noch manches aneignen könne, was ihr fehle.

Ich sagte auf diese Mittheilung nichts, dachte mir aber: Der alte Pfarrer von Sillerau hat bei der Grundsteinlegung des Haghauses[,] den Wunsch ausgesprochen, daß Margarita nur lauter Gu-

---

6 *aR mB* besuchte meine Kranken, die ich verlassen hatte
  aR mT Am ersten Tage nach meiner Ankunft fuhr ich zu allen Kranken, die sich in meiner Abwesenheit gemeldet hatten. Es war keiner von großer Gefährlichkeit darunter. Am zweiten Tage
7 *üdZ* ~~auch~~
8 einen Scheken
9 *aR* in ~~meinem~~ unserm Hause
10 *idZ* ~~Am vierten Tage nach meiner Zurükkunft~~
11 befinden

Mappe 139.

Verpflegung nehmen wolle, so lange er das Heilwasser gebrauche, ob es ihnen recht sei. Sie dankten beide sehr, und der Häusler sagte, daß er morgen, da ein Sonntag sei, selber heraus kommen, und sich bedanken werde.

Der Knabe brachte am Nachmittage in einem Bündel seine Dinge, welche er an seiner Schlafstelle bei dem Gerbauer gehabt hatte. Ich ließ ihn in das kleine Hinterstüblein neben dem Gesindegemache bringen, weil ich in der Sölde, wo eben gebaut wurde, noch keinen Raum für ihn herrichten konnte. Er hätte dort auch nicht die nöthige Ruhe gehabt. Er bekam ein sehr reinliches Bett einen Tisch einen Schrein mit zwei Schiebladen und drei Stühle in sein Stüblein.

Des andern Tages kam sein Vater, und dankte mir für mein gutthätiges Vorhaben.

Ich bestimmte nun eine Nahrung für den Knaben, von der ich glaubte, daß sie seinem Zustande angemessen sei, was die schweren und oft sehr starken Speisen, die er in den Waldhäusern bekommen hätte, gewiß nicht gewesen wären. Diese Nahrung mußte in meiner Küche bereitet, und ihm gereicht werden. Zum Aufenthalte bestimmte ich ihm, wenn heiteres Wetter wäre, für den ganzen Tag das Freie. Er möge im Garten sein, oder auf der Wiese oder auf dem Felde oder in dem Walde. Wenn sich da sehr leichte und kurze Arbeiten ergaben, wurden sie ihm zugewiesen. An Regentagen mochte er bei starkem Regen im Hause bleiben, bei schwachem aber doch ein wenig hinaus gehen. Arzneien gab ich ihm gar nicht. Von dem Heilwasser that ich sehr wenig in sein Trinkwasser, und da ich angeordnet hatte, daß der Knabe in jeder Woche zwei Male in lauem Wasser gebadet werde, so mischte ich auch von dem Heilwasser ein kleines Theilchen in sein Badewasser.

So hatte ich nun[1] einen Bewohner mehr in meinem Hause.

Der Knabe war in Hinsicht meiner Anordnungen sehr folgsam.

Der Freiherr von Tannberg kam in diesem Jahre gegen den Anfang des Sommers mit den Seinigen wieder in seine Waldbesizung. Ich fuhr eines Tages zu ihm hinüber. Ich wurde sehr freundlich und mit Aufmerksamkeit empfangen. Nach zwei Tagen kam er mit seiner Gemalin mit seinen zwei Töchtern und mit der alten Frau in zwei Wägen zu mir herüber. Sie gingen in die große Stube, und wurden von Katharina mit etwas Wenigem bewirthet. Dann besahen sie meine Kammer und die alten

---

1 *üdZ* wieder um

Geräthe darinnen, dann die anderen Gelasse des Hauses, und besonders die obere Stube, die ihnen sehr gefiel. Hierauf besuchten sie alle andern Räume des Hauses, den Garten, die Wiese, den Weizen der Hofmarke, und saßen dann eine Zeit unter der Hausfichte. Die Mädchen lobten die Vorrichtung sehr, welche ich unter den dunkeln Ästen der Fichte hatte ~~machen~~[2] lassen. Sie verabschiedeten sich hierauf, und fuhren nach Tannberg zurük. Es war das erste Mal, daß sie unser Haus besucht hatten. Ich kam in Kurzem noch einige Male zu ihnen hinüber, und sie zu mir. Der Obrist war auch zuweilen zugegen. Ich wurde von ihnen sehr achtungsvoll behandelt.

Als die Kornblüthe begann, starb der Auszügler des Alighofes[3]. Es hatte wohl kein Mensch viel von dem alten Manne geredet, und niemand an ihn gedacht als etwa seine Nachbarn und seine nächsten Angehörigen; jezt aber, da er gestorben war, redeten sehr viele von ihm und zwar seines hohen Alters willen. Man sah in dem Taufbuche nach, und sah, daß er nicht gegen hundert Jahre alt war, wie er selber immer gesagt hatte, sondern daß er drei Monate über hundert und eilf Jahre[4] alt geworden war. Ich dachte bei dieser Veranlassung, warum denn mein Vater, der um so sehr Vieles jünger gewesen ist, habe sterben müssen, und diesem Manne sei die Gnade eines so hohen Alters zu Theile geworden. Ich erinnerte mich aber doch bald wieder, daß wir diese Dinge Gott anheim stellen müssen, und sie nicht begreifen können.

Als mein Zubau zu der Sölde, der sehr schnell vorschritt, in dem Mauerwerke und in der Dachung vollendet war, ereignete sich etwas sehr Merkwürdiges in meinem Hause. Eines Tages fuhr ein kleines Wäglein, dem ein Pferd vorgespannt war, und auf dem sich eine lange Truhe befand, über welche sich ein Leinwanddach wölbte, vor mein Haus. Das Wäglein hielt an dem Thore still. Kajetan holte mich dazu hinaus, weil ein Mann und eine Frau, welche bei dem Wäglein standen, es verlangt hatten. Da ich hinaus gekommen war, sah ich den Mann und die Frau. Der Mann ging auf mich zu, und sagte: „Herr Doctor, seid sehr schön gegrüßt. Ich bin der Bergbauer in den Angerhäusern. Wir sind gestern schon den ganzen Tag und heute an dem Vormittage gefahren, daß wir auf den Umwegen, die in dem Walde sind, durch den großen Wald zu euch herein gekommen sind. Da ist ein Kranker, wir bitten, daß ihr ihn bei euch heilet."

---

2 *aR* anbringen
3 *aR* in sanftem Schlafe
4 *aR mB* gelebt habe

„Wenn der ganze Berghof in den Angerhäusern dahin geht, so klagen wir nicht, wenn ihr nur den Kranken gesund macht," sagte die Frau.

„Seid ihr seine Eltern?" fragte ich.

„Ja," sagten beide, und die Frau fügte hinzu: „Wir sind neben dem Wagen, auf dem er liegt, zu euch herein gegangen."

„Ihr hättet mir doch früher Nachricht geben, und anfragen sollen, ob ich ihn aufnehmen kann," sagte ich.

„Dann hättet ihr ihn vielleicht zurükgewiesen," sagte der Mann, „aber ihr müßt ihn aufnehmen und heilen, darum habe ich mein Pferd angespannt, und habe ihn herein geführt."

„Und ich bin neben meinem Kinde hergegangen," sagte die Frau.

Ich ging zu dem Wagen, hob die große Leinwandklappe, welche in dem Dache war, empor, und sah in das Innere. In der Truhe lag in Pölstern ein großer starker Jüngling, und blikte mit sanften blauen Augen zu mir empor.

140.

Ich rief meinen Knecht Thomas, und sagte ihm, er möge ‖das Pferd‖¹ mit dem Wagen an die Sölde führen. Da dieses geschehen war, brachten wir den Jüngling in ein Gemach, und Appollonia richtete ein sehr gutes Bett. Wir legten den Kranken in dasselbe. Ich fragte nun den Vater um den Beginn des Übels. Dieser sagte, es sei eine kleine Wunde auf der Brust geworden, auf dieselbe habe man ein sehr gutes Pflaster von Pech gelegt, dann ein Balsampflaster, dann wieder ein sehr wirksames Pflaster aus Pech Wachs und Kräutern, und da sei der Schaden so groß und hoch geworden. Ich entfernte nun die Kleider und die anderen Hüllen und die Pflaster von der schadhaften Stelle des Kranken, und untersuchte sie. Dann untersuchte ich auch alle andere Theile des Körpers, und fragte den Kranken um seine Lebensweise und um seine bisherigen Schiksale. Da diese Frage beantwortet war, und ich noch genauer die Miene und die Augen des Kranken betrachtet hatte, sagte ich: „Vater und Mutter, ich will den Kranken zur Heilung und Verpflegung übernehmen, ich werde alle Sorgfalt und allen Eifer, wie es nur immer in meiner Macht ist, anwenden², ich werde jene Mittel in Wirksamkeit sezen, welche uns für solche Übel gegeben sind, ich werde³ die Bewachung und Betreuung des Kranken selber führen⁴, wenn ich zu Hause bin, und für eine sehr entsprechende Bewachung und Betreuung sorgen, wenn ich mich entfernen muß. Ihr aber betet zu Gott; denn ohne seinen Segen und seine Gnade ist alles, dessen sich der Mensch unterfangen kann, vergeblich. Geht nach Hause; denn euer Angesicht und eure Sorge würde den Kranken beunruhigen. Ich werde euch von dem Fortgange schon zu rechten Zeiten Nachricht geben/.“/⁵

„Wir lassen den Kranken recht gerne in euren Händen,“ sagte der Mann, „und werden inständig beten.“

„Ich möchte gerne⁶ alle Hilfe leisten, die nothwendig ist,“ sagte die Frau ...

---

1 den W
2 aR mT üben
3 idZ für
4 mB gestrichen; aR mB besorgen Anstalt treffen
5 Der ganze Satz idZ und aR;
   aR und in den Zeilen mB und die Heilung verwirren, ich werde euch zu rechten Zeiten von dem Fortgange schon Nachricht geben. Fahret jezt mit eurem Wagen nach Hause, nachdem ihr Essen und Trinken, das ich euch vorlegen lasse verzehrt habet, und nachdem sich euer Pferd wieder erfrischt hat.
   Wir werden wohl unsern Sohn recht gerne in euren Händen lassen, H. D., sagte der Vater, ihr werdet schon das rechte thun, und wir werden recht eifrig bethen.

Ich hätte alles mit Bereitwilligkeit geleistet *üdZ* verrichtet was nothwendig ist, sagte die Frau, wenn man meiner bedurft hätte.

Man bedarf euer nicht, liebe Frau, sagte ich, geht zu den eurigen. Habt ihr noch Kinder.

„Ja drei, dieser ist der älteste, sagte die Frau.

„Geht zu euren Kindern, daß ihnen kein Unglük in eurer Abwesenheit zustößt, entgegnete ich.

Dann gingen die Eltern zu dem Bette des Kranken, nahmen von ihm Abschied, sagten er möge folgsam sein, und bald schreiben, wenn er könne.

Er versprach alles.

Hierauf entfernten sie sich von dem Zimmer. Ich ließ ihnen in der großen *üdZ* hintern Stube etwas zu essen und zu trinken geben und das Pferd im Stalle verpflegen. (Während dies geschah) (Indessen) ließ ich mit lauem Wasser und anderen Gegenständen den Schaden des Jünglings vollständig reinigen und alle fremden Dinge davon entfernen. Als Vater und Mutter noch Mal von ihrem Sohne Abschied genommen hatten, und fortgegangen waren, tröstete ich ihn mit ~~beruhigenden~~ *üdZ* lindernden Worten über seinen Zustand. ~~Ich~~ *üdZ* und gab ihm einige einfache ~~lindernde~~ Mittel zur Beruhigung des Gemüthes. Von ~~nun~~ *üdZ* diesem Tage an beobachtete ich den Kranken durch einige Zeit

mB Stichworte Vergeltung anbiethen   Bau einstellen   Hand reichen

6 *udZ mB* mit Freude alle